LÉON DEGRELLE

ALMAS ARDIENDO
Notas de paz, de guerra y de exilio

LÉON DEGRELLE
(1906-1994)

Léon Joseph Marie Ignace Degrelle fue un escritor, periodista y director de prensa del movimiento católico belga. A continuación, inició una carrera política, fundando el movimiento Rex, inicialmente un partido nacionalista cercano a los círculos católicos, que rápidamente se convirtió en un partido fascista, y luego, durante la Segunda Guerra Mundial, se acercó al nacionalsocialismo, para acabar colaborando con el ocupante alemán. Combatiendo en el Frente Oriental con la 28ª División Valona de las SS, terminó la guerra como SS-Obersturmbannführer y Volksführer der Wallonen. Exiliado a España en 1945, vivió allí durante casi cincuenta años.

Almas ardiendo
Notas de paz, de guerra y de exilio

Primera edición *La Hoja de Roble*, Madrid (1954)
Traducción y prólogo de Gregorio Marañón

Publicado por
OMNIA VERITAS LTD

www.omnia-veritas.com

CORAZONES VACÍOS **11**
    AGONÍA DEL SIGLO 13
    VIDA RECTA 21

MANANTIALES DE VIDA **25**
    LA TIERRA ORIGINAL 27
    EL CORAZÓN Y LAS PIEDRAS... 29
    LA CARNE QUE DESPIERTA 34
    LA VOCACIÓN DE LA FELICIDAD. 38
    PASCUA DE NAVIDAD 41

LA CONGOJA DE LOS HOMBRES **45**
    LOS CIEGOS 47
    HUELLAS DE DOLOR 50
    LOS SANTOS 52
    CRUCIFIXIÓN ETERNA 54
    NADIE 56
    HABER AMADO MAL 60

LA ALEGRÍA DE LOS HOMBRES **63**
    FUERTE Y DUROS 65
    EL PRECIO DE LA VIDA 69
    RENUNCIACIÓN 71
    EL PODER DE LA ALEGRÍA 73
    SONAR, PENSAR 75
    LA PACIENCIA 77
    LA OBEDIENCIA 78

- LA BONDAD 80
- BEATA SOLITUDO 81
- LA GRANDEZA 85

SERVICIO DE LOS HOMBRES 89
- LOS GRANDES EJERCICIOS. 91
- DOMAR LOS CORCELES. 98
- EL CIELO APOCALIPTICO 104
- LUCES 108
- INTRANSIGENCIA 114
- NUESTRA CRUZ 119

EL DON TOTAL 125
- RECONQUISTA 127
- ESCUADRILLAS DE ALMAS 130
- CIMAS 135
- Otros títulos 145

Corazones vacíos

AGONÍA DEL SIGLO

El mundo no es sino confusión y tormento. El odio destroza sus entrañas. Mata, mancha y arrastra a sus víctimas en el oleaje fangoso de su furor. Los hombres se buscan con maldad de chacales. Se les oye rugir en la noche iluminada por los rayos.

Los pueblos se detestan.

Los individuos se detestan.

Ya no respetan nada, ni siquiera al vencido que yace en la tierra, ni a la mujer que implora, ni a Los niños de ojos abiertos a los sueños.

Ha muerto el soñar.

Solo vive la bestia, la bestia salvaje que pisotea a los tímidos y a Los fuertes, a Los inocentes y a los culpables.

Todo titubea, el armazón de los Estados, las leyes de las relaciones sociales, el respeto a la palabra.

Los hombres que antes, creaban la riqueza en un esfuerzo redoblado, se enfrentan ahora como fieras desencadenadas.

Mentir es sólo una forma más de ser hábil.

El honor ha perdido su sentido, el honor del juramento, el honor de servir, el honor de morir. Los que permanecen fieles a estos viejos ritos hacen sonreír a los demás.

La virtud ha olvidado su dulce murmullo de manantial. Las sonrisas no son ya confesiones del amor sino reticencias, estafas o rictus.

Se asfixian las almas. El denso aire está cargado de todas las abdicaciones del espíritu.

El olfato busca en vano un aura pura, el perfume de una flor, la frescura de una brisa impregnada de mar...

El mar de los corazones está hosco. No tiene velas blancas. No hay alas que canten sobre su lomo Inmenso.

Los jardines del corazón han perdido su color. No tienen pájaros. ¿Qué pájaro, por acaso, podría cantar en medio de la tormenta, mientras el hombre busca al otro hombre, para odiarle, para corromper su pensar, para hollar con los pies la rosa?

Los dones han muerto, el don del pan para los cuerpos frágiles, el don del amor para las almas que sufren.

¿Amar ? ¿Por qué ? ¿Para qué amar?

El hombre, encerrado en su concha, ha hecho de su egoísmo una barricada. Quiere gozar. La felicidad, para él, se ha convertido en un fruto que devora ávidamente, sin recrearse en él, sin repartirlo, sin dejarle, siquiera, ver a los demás.

¿Para qué aguardar al fruto maduro que tendría que repartirse entre todos? El amor, el mismo amor, ya no se da a los demás; se huye con él entre los brazos, deprisa, deprisa.

Sin embargo la única felicidad era aquello: el don, el dar, el darse; era la única felicidad consciente, completa, la única que embriagaba, como el perfume sazonado de Las frutas, de las flores, del follaje otoñal.

La felicidad sólo existe en el don. Su desinterés de sabores de eternidad, vuelve a los labios del alma con dulzura inmortal.

Dar: haber visto los ojos que brillan porque han sido comprendidos, alcanzados, colmados.

Dar: sentir esos anchos estremecimientos de dicha, que flotan como inquietas aguas sobre el corazón, súbitamente serenado, empavesado de sol.

Dar: haber llegado a esas múltiples fibras secretas con las que se tejen, los misterios ardientes de una sensibilidad, emocionada, como si la lluvia suave del verano hubiera refrescado los rosales que trepan por los muros polvorientos y cálidos.

Dar: tener el gesto que alivia, que hace olvidar a la mano que es de carne, que derrama un deseo de amar en el alma entreabierta.

Entonces, el corazón se torna tan leve como el polen de las flores, y se eleva como el canto del ruiseñor, con su misma voz ardiente, que alienta nuestra penumbra. Desbordamos la felicidad porque hemos derramado la capacidad de ser dichosos, la felicidad que no habíamos recibido para que fuera sólo nuestra, sino para derramarla, porque nos ahogaba, como la tierra que no puede retener sus manantiales, los deja desbordar sobre las flores numerosas de las praderas, o por las hendiduras de las rocas grises.

Pero hoy, Los manantiales no brotan ya. La tierra, egoísta, no quiere despojarse del tesoro que la agobia. Retiene la felicidad y la ahoga.

Las rocas se secan y saltan en pedazos. Y Las flores, oprimidas en los corazones, sucumben.

Se ha cegado el impulso de los manantiales.

Las almas mueren, no solamente porque solo reciben odio, sino también porque se ha desnaturalizado su propio amor, cuya esencia era probar y darse.

Esta es la agonía de nuestro tiempo.

El siglo no se hunde por falta de elementos materiales.

Jamás fue el universo tan rico, ni estuvo tan colmado de comodidades, gracias a una enorme y fecunda industrialización.

Jamás hubo tanto oro.

Pero el oro está escondido en los cofres blindados, más seguro que en las más profundas cavernas.

Los bienes materiales, monopolizados, sirven para matar a los hombres y no para socorrerles. Son una razón más para odiar.

Han convertido en garras, las manos que los tocan, y en jaguares Los cuerpos humanos que los utilizan.

Sin amor, sin fe, el mundo se está asesinando a sí mismo.

El siglo ha querido, ciego de orgullo, ser tan sólo el siglo de los hombres.

Este orgullo insensato le ha perdido.

Ha creído que sus máquinas, sus «stocks». Sus lingotes de oro, le podrían dar la felicidad. Y sólo le han dado alegrías, pero no la alegría, no esa alegría que es como el sol que nunca se apaga en los paisajes que antes, ha llenado de ardiente esplendor. Las tristes alegrías de la posesión se han endurecido como púas y han herido a los que, creyéndolas flores, las acercaban a su rostro.

El corazón de los vencedores del siglo, vencedores de un día, está lleno de melancolía, de acritud, de una horrible pasión de apoderarse de todo, enseguida, de una cólera brutal, que se eriza frente a todos los obstáculos.

Millones y millones de hombres se han batido y se han odiado. Un huracán les arrastra, cada vez más desencadenado, a través de los aires encendidos. La lengua seca, frías las manos, adivinan ya, en medio de su delirio, el instante próximo en que su obra de locos será aniquilada. Desaparecerá, porque era contraria a las leyes del corazón y a las leyes de Dios.

El solo, Dios, daba al mundo su equilibrio, dominaba las pasiones, señalaba el sentido de los días felices o desgraciados.

¿Para qué haber sido ambicioso, cuando el verdadero bien se ofrecía sin límites, generosamente, a todos los corazones puros y sinceros?

El mundo ha renegado de esta alegría, sublime y orgullosa, como los chorros de una fuente.

Ha preferido hundirse en los pútridos mares del egoísmo, de la envidia y del odio.

Se asfixia en la ciénaga.

Se debate en medio de sus guerras, de sus crisis, en medio de los lazos resbaladizos de su egoísta pasión.

Aunque se reúnan todas las conferencias del mundo y se agrupen los jefes de Estado y los expertos, nada podrán cambiar. La enfermedad no está en el cuerpo. El cuerpo está enfermo porque lo está el alma. Es el alma la que tiene que curarse y purificarse.

La verdaderamente grande y única revolución que está por hacerse es ésa: aun tan sólo las almas, llamadas por el amor del hombre y alimentadas por el amor de Dios podrá devolver al mundo él claro rostro y una mirada limpia a los ojos purificados por el agua serena de la entrega generosa.

No hay opción: o revolución espiritual, o fracaso del siglo.

La salvación del mundo está en la voluntad de las almas que tienen fe.

Por esto, España mística, España de Santa Teresa y de San Juan de la Cruz, de San Francisco Javier, de San Ignacio, por esto, creo yo en tu misión, en una misión junta a la cual tus pasajeras desgracias nada son; misión privilegiada entre todas: la de derramar en las almas en agonía la sangre de tu alma ardiente.

Ningún país, hoy, tiene tu fe. Tu fe, la ruda fe de los penitentes de Lorca o de Sevilla y la de los Cruceros de Navarra. Tu fe alegre de las panderetas navideñas y la de las carretas abigarradas de la Romería del Rocío.

Ningún otro país ha sido bendecido con más amor por la Virgen, tu Virgen milenaria del Pilar, tu Virgen de los guerreros de Covadonga, tu Virgen del Camino para los que andan a tientas buscando su sendero. Tu Virgen de los Desamparados, para las almas a la deriva. Tu Virgen de las Angustias, para los corazones destrozados por el dolor.

Toda tu tierra es oración, don alegre don doloroso, impulso místico, confianza y esperanza.

Tus mujeres, bajo sus mantillas negras, tienen los ojos ardientes y dulces como los pétalos aterciopelados de los pensamientos. Tu pueblo se asocia a Dios en todos sus actos. Has conquistado una ancha parte del mundo confiando a la Virgen las velas de tus carabelas y clavando la Cruz en cada uno de los pedazos de tierra hallados por tus conquistadores y por tus monjes.

En todos tus monasterios, en cada iglesia, donde las campanas cantan por el aire azulado de la noche, en cada hogar donde los niños duermen mezclando el nombre de la Virgen a sus cándidos sueños, en toda tu resplandece la fe como ese sol que al amanecer se derrama sobre los ásperos montes y las llanuras onduladas, sobre los pueblos blancos y los torreones de los castillos, y los santos de piedra de tus catedrales.

Tú vives tu Dios. Tu juventud es como un ejército de Cruzados. Contempla, con el corazón henchido y desbordante, al mundo que le llama.

¡Español, hijo de Dios, sigue derecho tu camino!

¡El siglo te aguarda!

¡Las almas ardientes lo pueden absolutamente todo!

VIDA RECTA

Los que titubean ante el esfuerzo es porque tienen adormecida el alma. El gran ideal da siempre fuerza para domar el cuerpo, para soportar el cansancio, el hambre, el frío.

¿Qué importan las noches en vela, el trabajo abrumador, o el dolor, o la pobreza? Lo esencial es conservar en el fondo del corazón la gran fuerza que alienta y que impulsa, que aplaca los nervios desatados, que hace latir de nuevo la sangre cansada, que hace arder en los ojos, adormecidos por el sueño, un fuego ardiente y devorador.

Entonces, nada es áspero ya. El dolor se ha transformado en alegría porque, gracias a él, nos damos más por entero, y el sacrificio nuestro se purifica.

La facilidad adormece el ideal. Le alienta, en cambio, él estimulo de la vida dura que nos hace adivinar lo profundo del deber cumplido, las responsabilidades que hay que afrontar, y la gran misión digna de nosotros.

Lo demás no cuenta.

La salud nada importa.

No estamos en este mundo para comer a horas fijas, para dormir con regularidad, para vivir cien o 4 más años.

Todo esto es vano y es necio.

Sólo una cosa cuenta: tener una vida útil; perfilar el alma; estar pendiente de ella, instante por instante; Vigilar sus debilidades y exaltar sus impulsos; servir a Los demás derramar a nuestro alrededor la dicha y la ternura; ofrecer el brazo al prójimo, para elevarnos todos, ayudándonos los unos a los otros.

Una vez cumplidos nuestros deberes ¿qué más da morir a los treinta años o a los cien años?

¡Lo que importa es sentir el corazón encendido, cuando la bestia humana grita extenuada!

¡Que se levante y que siga, a pesar de todo!

Ahí está para eso, para agotarse, hasta el fin.

Sólo el alma cuenta, y ella tiene que dominar a todo lo demás Breve o larga, la vida sólo vale algo si en el instante de entregarla no tenemos que sonrojarnos de ella.

Cuando la dulzura de la vida nos invita a la felicidad de amar, la belleza de un rostro o un cielo claro, da una señal que, de lejos, nos llama, cuando estamos dispuestos a ceder ante unos labios o a la luz y a los colores y al descanso de las horas largas, entonces es cuando estrecharemos dentro del corazón todos los sueños nimbados del oro de los instantes de suprema evasión.

La verdadera evasión es renunciar a las prendas amadas, y renunciarlas en el instante mismo en que su perfume nos hacía desfallecer.

En esta hora en que hay que rechazar y hundir lo más entrañable de nuestro ser y alzar el amor por encima del corazón, y, por lo tanto, cuando todo es cruel dolor, entonces es cuando también comienza a ser completo y puro el sacrificio.

Hemos franqueado nuestros propios límites; por fin podemos dar algo. Antes, todavía, nos buscábamos a nosotros mismos y a esas briznas de orgullo y de gloria que corrompen tantos brotes generosos del alma. No damos nada por el puro dar, sin calcularlo antes, pues todo está en uno de los platillos de la balanza, más que cuando, previamente, hemos matado el amor a nosotros mismos. Esto no es fácil, no, porque la bestia humana es reacia a comprender lo que la amargura quiere enseñarnos.

¡Qué dulce es soñar con el ideal y construirlo en el pensamiento! Pero es, en realidad, muy poca cosa.

El ideal hay que construirlo dentro mismo de nuestro vivir.

Arrancando piedra a piedra, para construirlo a nuestras comodidades, a nuestras alegrías, a nuestro descanso, a nuestro propio corazón.

Cuando, a pesar de todo, el edificio al cabo de Los años se alza ya, y cuando, a pesar de ello, no sé detiene uno en la faena, sino que se sigue y se sigue, aunque la piedra ya no se deje pulir, entonces solamente es cuando el ideal empieza a volar.

El ideal vivirá en la medida en que nosotros, nos entreguemos a él hasta morir.

¡Qué drama, en verdad, el de la vida recta!

Manantiales de vida

LA TIERRA ORIGINAL

El hambre pertenece a un pueblo, a su tierra, a su pasado.

No podemos ignorarlo.

Podemos intentar olvidarlo.

Pero los acontecimientos se encargan bien pronto de recordarnos Las fuentes de la vida.

Nos aproximan primeramente a los hombres de nuestra misma sangre: avergonzada o luminosa, la familia nos enlaza al tiempo, cada vez más estrechamente. Cada vez con mayor dureza.

A veces nos ahoga. Pero jamás nos desprendemos de ella.

Nos estremecemos en cuanto la sangre en juego. La sangre tiene razón. Nos unimos a los que tienen nuestra sangre misma' como si nuestras venas fueran comunes, como sí la familia entera no tuviera que un corazón, un corazón que proyecta la misma sangre en cada uno de nosotros y nos ata a todos a un solo centro vital.

Lo mismo ocurre con la tierra.

No nos podemos evadir de ella.

No somos más que una unidad con los demás hombres de nuestra patria.

La imagen de alguna de nuestras catedrales, el recuerdo del aroma de las dunas del dulce gris de nuestras colinas, del curso onduloso de nuestros ríos, hacen subir nuestra garganta un estremecimiento de amor

El Pasado del país nuestro es el fondo de nuestra conciencia y de nuestra sensibilidad Todo, en nuestra tierra, es como sobrevivir, como renacer.

El Pasado de un país renace en cada generación como la primavera se renueva en cada germinar.

Podemos cambiar, recorrer el mundo, distraer nuestro espíritu: es igual. El país, eterno, llenará de sangre nuestro corazón.

La voz gangosa de una transmisora que nos trae las ondas vagas del país lejano, que no hemos creado pero que nos domino, basta para que los recuerdos, los lazos, las leyes, surjan de nuevo como joyeles engarzados indestructiblemente en la trama de nuestros días atormentados.

EL CORAZÓN Y LAS PIEDRAS

Es preciso haber barloventeado por los más lejanos mares, haber conocido las noches rojizas del trópico, las hogueras de las cañas de azúcar, los cantos de los negros, los desiertos de arenas rosadas y de arbustos sin hojas, con los esqueletos de caballos deshechos por el viento; haber navegado por los lagos helados y las nieves ardientes; haber cogido mimosas junto a las ruinas de Cartago, y toronjas en La Habana, y una brizna de hierba a la sombra del Acrópolis; es preciso todo esto para poder amar plenamente a nuestro país, a la tierra que vivimos con los únicos ojos penetrantes que son los ojos del niño.

Hace falta haber conocido otras casas con sus muebles y sus ropas, sus libros sus cuadros, con su estricta sencillez; ha falta haber sido ese nómada de los pisos anónimos, donde uno se sienta como en un tren, para conocer la pasión y la nostalgia del primero y el mejor de los paisajes: de ese marco de nuestro corazón que es nuestra casa».

Podemos evocar sin pesadumbre los grandes recuerdos jubilosos de las tierras extranjeras.

Doran aún nuestras pupilas: el día amanece, como de oro y plata, sobre las palmeras que bordean el mar de las Antillas la niebla se eleva en el valle de Delfos; los pescadores reman en la noche azulada de las Cyclades;

el bosque de palmeras está inundado de sol, junta a las murallas rojizas de Marraquech.

Pero el recuerdo de las horas errantes en esa prisión sin alma, que es el cuarto del hotel, nos peso y nos oprime.

¿Qué queda en nuestra vida de estos aposentos impersonales?

Los muros donde, sin amor, se han colgado y descolgado Los cuadros; el aposento vecino desde donde nos observan; el ruido del teléfono; la escalera donde nos cruzamos con el desconocido; él coche celular del ascensor con sus dobles barrotes.

Miramos toda esa decoración de la vida, con la mirada húmeda y llena de desesperación.

¿Qué nos dicen esos tabiques, esa cocina. abierta al sórdido jardincito lleno de piedras, y los estrechos senderos, sin rincones imprevistos, sin follaje y sin nidos?

¿Qué nos dicen esas camas y esos muebles puestos de cualquier modo. incómodos, molestos, como si se sintieran fuera de su ambiente, pobres, desgraciados nómadas como nosotros?

Porque los muebles también tienen alma.

Ese arcón que estorba en el pasillo, ese reloj de pared que se ha parado para no molestar, han vivido también antes, y han conocido una verdadera casa, han tenido durante cien años, durante doscientos años, su sitio, sus tropiezos, su olor. Sus puertas se abrían como alas. Las horas surgían cantando del reloj de pared.

Pobre arcón y pobre reloj, alejados ahora del suelo encerado, del aroma de lavanda, del agua que arrastraba lo sucio, de las voces de las vecinas, del saludo del sol que penetraba bruscamente por la puerta abierta...

Nosotros, los desterrados modernos, arrastrados de casa en casa por las ciudades de mirada vacía, nos sentimos como sin corazón cada vez que tenemos que franquear un nuevo umbral, y encender la luz de esos pasillos demasiado blancos, y acostumbrarnos a esas persianas y a esas puertas desvencijadas, y a ese gas de llama excesiva, a esos tranvías que pasan con su estrépito brutal que nos rompe el alma...

Podremos callar.

Pero no podremos olvidar.

Y el hombre, como el viejo arcón, y como el gran reloj ahí, inmóvil, los ojos empañados, mirando y viendo...

La casa natal se reanima en nuestros recuerdos. Ahí está. Un ligero follaje alegra la portada. Dos escalones de piedra azulada. Un gran balcón emparrado, frente a los jardines. Todo está en su sitio.

Todo tiene un sentido, un olor, una forma. Veamos el armario: el armario, palabra magnífica, está henchido y grave porque encierra el pan y Los alimentos esenciales. Con Los ojos cerrados podemos encontrar coda cosa. Este rincón huele a tabaco, aquel otro al gato que busca siempre el sitio más templado para dormitar. Ese ruido es que el padre se levanta de la silla. Ese paso, que a veces se detiene, es de la madre que arregla Las flores en el comedor. Esos cuartos no son cuartos de paso, es «el cuarto de encima de la sala», es el cuarto de encima del despacho», es «el cuarto de Los niños», aunque ya sean hombres...

Cada uno de esos cuartos tiene su historia, ha conocido sus noches en vela, sus enfermos; de aquel cuarto bajaron un día con un cuerpo querido, en brazos...

Ah..., el horror de esas cases anónimas donde han nacido o han muerto nuestros hijos, ante esos decorados sin vida, abandonados entonces, y donde otros nómadas como nosotros han emprendido, a su vez, su vida entrecortada, sin recuerdos en el alma, sin atreverse a recogerlos y a contemplarlos, pues no sabrían dónde ponerlos...

Casa de antaño, con tus pobres cretinos, tu mal gusto a veces, tus fotografías de niños, y la bola del tramo de la escalera, y el gran piano y la negra chimenea; con el baño de zinc, donde entrábamos uno tras otro; con esas pisadas que parece que suenan aún, diez años después, sólo con evocarlas; con los suspiros que pasan todavía junto a nosotros, con ese rostro de Mamá que sonríe a lo lejos y que luego se acerca casi impenetrable y nos transforma de nuevo en niños que quisieran ser otra vez mecidos en la cuna.

Retorna a nosotros una ternura infinita, con lejanos perfumes de flores y de hojas; el murmullo del agua se oye al fondo del jardín, acariciado por un sol más dulce que el sol de ninguna otra parte.

Todo lo que somos viene de aquel tiempo. Desgraciados los niños que no han tenido un hogar y no pueden guardar estos recuerdos que son los que hacen la vida...

La casa, el hogar, es lo que nos modela.

¿Cómo podríamos tener alma si la casa no tuviera rostro, si no fuera más que una careta que cambia en cada uno de Los carnavales de los hombres?

No podemos centrar la vida más que sobre el corazón y sobre las piedras. Lo demás desaparece como los troncos, lanzados a la deriva, de las aguas invernales.

Hogar...

Todo va haciéndose poco a poco, corpóreo, a medida que se suceden Los trabajos y Los dolores comunes, a medida que los niños nacen.......

Las paredes han guardado los amores y los sueños. Los muebles, bonitos o feos. fueron compañeros y testigos.

Un aroma surge dulcemente de esas almas múltiples de las cosas; y, después, un recogimiento un descanso, una certidumbre, que serena los altos jadeantes, en el azar del vivir.

Dulzura, equilibrio, puntos de referencia, testimonio inefable, examen entrañable de uno mismo...

Sin la madre y sin la case, dime, alma mía, ¿qué sería de nosotros?

LA CARNE QUE DESPIERTA

El mundo puede envilecerse, vivir en una agitación cada vez más angustiosa, pero la grandeza de lo que es la madre es inmutable.

Conmueve tanto al universo de hoy como en los tiempos en que las primeras mujeres sintieron él inefable estremecimiento de sus entrañas. Desde ese momento, una profunda transformación les invade todo su ser.

Ayer corrían con la mirada cándida, con el alma vacía.

La vida que nace en ellas como recóndita floración les da, de repente, una gravedad, una seguridad, una fuerza inmensa pura y orgullosa: la conciencia de crear, de darse, y el encanto trémulo del vivo misterio que surgirá un día de sus dolores.

Ríen aún al pasar, pero su mirada es mas profunda. Llevan en sí un tesoro, cuyas palpitaciones se unen a sus palpitaciones más íntimas. Sus impulsos, su melancolía, ese gran ideal, a veces inconfesado, que las anima o las atormentas, sus pensamientos sus pesadumbres, las alegrías y los deseos son sólo ya una misma cosa fundida en su vida invisible a todos, y para ellas presente a cada instante; una cosa que les da sangre y alma, en comunión exacta de carne y corazón.

Son valerosas en su laxitud. Su cuerpo está fatigado, vencido; cansada está su juventud que sé encorva como las ramas cargadas de frutos batidos por el sol y por el viento. Pero las hace valerosas el renacer que brota en la ternura de su seno.

Saben que ese alma en flor, abierta apenas, será mañana frescor, inocencia, rosa, sí el corazón de ellas la cubre, como cielo lleno de la dulzura y de la paz de las noches perfectas, en las que todo es silencio y estrellas.

Por el mundo agitado pasan las madres llevando su noche de luz. Sus ojos sueñan, contemplan los grandes paisajes lunares en los que un mundo que ellas sólo conocen, duerme inmenso y eficaz.

Contemplan las montañas azules, las aguas oscuras y lisas, el hechizo del cielo acribillado de fuegos que parecen engarzados en el terciopelo de la noche, como inaccesibles piedras preciosas.

Andan bajo la claridad nocturna, con el corazón oprimido, pero con paso seguro Nadie Las acompaña. El universo está distraído. Sólo ellas tienen la mirada humana. Avanzan con el cuerpo cansado pero con el alma dispuesta y como absorbida por la grandeza del misterio nocturno.

Estos meses en que la carne florece, allá dentro, son su exclusiva primavera; una primavera en la que las sombras y los perfumes, los colores y las luces esperan su definitivo, su gran amor, con los brazos abiertos a la vida, en el jardín del corazón.

De ellas serán el alba liberada de la carne y el nacimiento de los sueños; y, luego, los esfuerzos atroces, tensos hacia los cuerpos y hacia las almas nuevas, que las encantan y las atemorizan a la vez.

¡Oh, la realidad del ser nuevo, radiante y tembloroso!

¿Qué brotará en esos corazones?

¿Podrán, acaso, conservar él son y la virginidad de las aguas en la montaña?

Esos ojos cándidos, ¿podrán hacernos algún día llorar? Esas cabecitas rizadas, del color del sol sobre la piedra blanca, ¿albergarán los pensamientos claros y los nobles ideales que la madre soñaba para sus vástagos, henchidos de rectitud y de luz?

Para no temer demasiado, para no llorar demasiado, lo mejor será trazarse el camino recto pero bordeado de verdura, sobre el cual pasan las nubes blancas que van alisando los caminos de plata que unen al cielo y a la tierra.

La madre ahora y siempre dará al corazón de sus hijos lo que es alma y carne de ella.

El alma de sus hijos sólo será lo que ha sido el alma de ella. Las imágenes de su propio corazón sé relajarán en el corazón de sus hijos, como las sombras que avanzan en los campus bajo el bochorno.

La madre no podría soportar la mirada de su hijo si no fuera tan clara como la suya. Todo lo que no es fresco y puro extraña al niño y desconcierta su corazón. Más tarde de, Los hijos no serán fuerza y renunciación, sabiduría y sencillez, virtud y alegría si su alimento espiritual no fuera tan cándido como la leche que henchía el seno. El rostro de la madre es noble, soberanamente claro, cuando la pureza de las vidas inocentes lo ha refrescado una y mil mañanas de dolor y de sacrificio.

Mujeres mudas, cuya carne se estremece, vuelta hacia el sueño interior que hace alentar y que hace arder el gran secreto de la vida que empieza.

LA VOCACIÓN DE LA FELICIDAD.

A medida que avanzamos entre sonrisas hipócritas, entre miradas llenas de codicia o de deshonestidad, entre manos interesadas, más nos decepciona la mediocridad de la existencia.

Rápidamente nos damos cuenta de que ya sólo nos quedan, sólidas y eternas, las alegrías que nacieron en nuestro corazón de niño.

Entonces es cuando nos hicimos felices o desgraciados para siempre.

Si nuestra infancia fuera tranquila y dulce como un inmenso cielo dorado; si hemos aprendido a amar Y a darnos a los que nos rodean; si hemos gozado desde pequeños del encanto que emerge del cielo y de la luz, del árbol y de la flor, de la naturaleza que nos envuelve en perpetua metamorfosis; si nos han modelado un corazón sencillo, como la mirada de los animales, ingenuo como la mañana, humano, sensible, bueno, abierto al querer verdadero y fragante, entonces, la vida será para nosotros hasta el final de los caminos llenos de barro y de piedras, como un cielo que nos guía, luminoso y eficaz, a través de los pasos peligrosos.

Hay siempre una vocación de la felicidad. Podemos después desarrollarla o ahogarla: pero existe.

Si formamos a los niños, con sencillez, si los hacemos amar las alegrías profundas y elementales, avanzarán por la vida conservando en sus ojos la luz de la vida interior, equilibrada, sin sobresaltos.

Pero si deformamos su infancia, si los niños han oído o visto demasiado, si los dejamos arrastrar por el torbellino vital, si los años de una niñez en calma no han fortificado en ellos la frágil dicha de su inocencia, entonces su vida será lo que ha sido su infancia y en vez de irritarse ante el desorden, serán ellos mismos desorden. Como sus gustos, sus sentimientos, sus pensamientos, fueron siempre inestables, estarán para siempre a la merced del vendaval de las turbias alegrías que consumen al alma y se escapan de nuestras manos y crean, a expensas del sufrir de los demás, el propio sufrimiento.

Después, es ya tarde para cambiar.

No se endereza el árbol endurecido. Todo lo más que podremos hacer para intentar que sea diferente es podarle. Cuando era joven, hirviente de savia, se le hubiera podido doblar con un dedo experto, orientarle y ayudarle a desarrollarse.

Cuando los niños parece que están jugando y mirando sin más al gorrión o a la alondra que pasan, cuando comienzan a hablar y a besar, cuando fotografían en su corazón, en su imaginación, él espectáculo exacto que somos los mayores, esa es la hora de poderlos modelar.

La vida no hará más que revelar la fotografía. Los ácidos de la existencia imprimirán en ellos las imágenes hermosas y pujantes o atormentadas y entristecedoras, que habíamos ofrecido a sus ojitos ávidos de curiosidad y a su corazón impoluto, como una hoja de papel.

Todo aquello de que les privamos por nuestro orgullo, por nuestra agitación, o ¡ay! por nuestras pasiones, todo ello tendremos que pagarlo cruelmente más tarde, viéndoles inquietos, insatisfechos el alma sin aliento o arrasada por nuestra grandísima culpa.

PASCUA DE NAVIDAD

La nieve cubría Los tejados y se hacía más y más espesa, sobre nuestros zuecos.

Estábamos seguros de haber visto a San José en la esquina de la calle. La cuesta que conducía a la Iglesia era dura de subir a la medianoche. Teníamos permiso de entrar y de que darnos allí en la última fila, con Los zuecos, quitados, en la mano. Y bruscamente penetrábamos en el templo, envueltos en el aroma cálido de sus naves.

Nos daba un poco vueltas la cabeza. El Deán estaba también pálido. Pero el santo clamor resonaba poderoso, capaz de ahuyentar a los jabalíes a dos kilómetros de nuestros bosques apretados. El organista pedaleaba como si temiera llegar tarde. El maestro dirigía a los cantores como en un torbellino. Llegado el momento, fue tal la emoción, que nos subimos a las sillas, esperando que, repentinamente, los ángeles descendieran del coro.

Pero los ángeles continuaron juiciosamente haciendo su guardia, entre las velas, con sus grandes alas en reposo.

Nos habíamos acercado a ellos con una moneda de cobre, escondida bajo los guantes de lana. Nos arrodillamos sobre el mármol. El buey pardo y el barro gris estaban allí, a nuestro alcance y ardíamos en deseos de tocarlos para ver si su cola se movía como en el abrevadero. Pero los niños quieren aun más que los animales, a los niños... Jesús estaba tendido sobre la paja. Nuestros corazones se enternecían pensando en el frío que sentiría. Nadie le había dado, como a nosotros, gruesas medias cálidas. Ni zuecos, ni bufanda para proteger su divina nariz, ni guantes de lana verde para cubrir sus sabañones. Esto nos oprimía el corazón. Mirábamos un poco asombrados al Padre San José, que parecía querer pasar inadvertido y a la Madre, azul y blanca, tan inmóvil y tan bella...

Conocíamos a tantas y tantas Madres bellas, con ojos puros donde asomarse y donde verlo todo, pero los de la Madre del Niño Jesús nos fascinaban como si el Cielo enseñara a los niños algo más que a los hombres...

Callábamos todos, cuando volvíamos, bajando la cuesta. Y cuando los niños no dicen nada es porque tienen muchas cosas que decir, en casa, al volver, el chocolate humeante, la gran mesa cubierta de pasteles nos han hecho olvidar las conversaciones invisibles, entabladas de niño a niño, de niños a madres humanas, del divino Infante con la madre del Cielo.

Sobre el piano, había otro nacimiento donde podíamos, de pie sobre el taburete, coger entre las manos el burro y el buey. Encendíamos todas las noches las velitas azules y rosas. Cada uno tenía la suya para apagarla de un gran soplo, una vez concluidos los rezos. Detrás, arrodillada junto a una silla, en la penumbra, la madre dirigía nuestros rezos y nos guiaba.

Cuando había terminado todo, cuando nos volvíamos hacia ella, para apagar nuestras minúsculas luces, veíamos sus ojos brillar con emocionado fervor... El paraíso desciende al corazón de los niños cuando lo lleva en su alma la madre...

A esa hora humilde, y llena de ternura, la Madre sabía que nuestras almas infantiles estaban ya señaladas para siempre y que, aunque soplasen sobre las velas encendidas en nuestro corazón, nadie podría apagarlas nunca más.

Y así cada invierno, cuando la Navidad llega, las pequeñas llamas encendidas por nuestras madres se alzan de nuevo erectas y crepitantes.

La congoja de los hombres

LOS CIEGOS

Los hombres están extenuados por el agobio y la angustia o porque sus almas han dejado secar sobre ellas el beso de Dios.

El dinero, los honores ganados a fuerza de envilecerse, la pugna por conseguir una felicidad terrenal, que se desvanece entre sus dedos y que se escapa para siempre, hacen que el rebaño humano se convierta en horda pululante, que se agita y corre hacia aquí y hacia allá, tropezando y destrozándoles, en busca de una liberación que nunca se encuentra.

Las miradas están llenas de rencores, que aumentan mas y más ante los deseos nunca satisfechos.

Baraúnda lastimosa, donde las risas estridentes suenan solo para recordarnos que no se trata de rebaños, sino de hombres.

Un pataleo infernal que después de maltratar a los individuos, maltrata a los pueblos. Ya no es un grupo de individuos arrastrados por locas pasiones.

Son las colectividades, embriagadas por el vértigo de lo imposible, por el deseo de ser las primeras, es decir, de aplastar a las demás; deseo de descargar el poder sobre lo humano, de ahogar y pisotear lo espiritual, con tanta mas rabia cuanto que si la carne se aniquila, resurge siempre lo espiritual, alzándose como un reproche o como una maldición.

La vileza ha sobrepasado los círculos de las minorías, para alcanzar a los grupos vastos y temblorosos de las masas, sacudidas también por las ondas, dilatadas hasta el infinito, de la envidia, de la ambición y del odio.

El agua clara de los corazones esta turbia hasta su recóndito manar.

El río de los hombres arrastra un olor profundo a lodo.

El desorden del siglo ha conmovido todo lo que antes fue claridad, verdad y vuelos inefables de golondrinas.

Los hombres y los pueblos se observan con mirada violenta, las manos llenas de señales, cansadas, mordidas por las víctimas frenéticas.

Cada día es más injusto el mundo, más egoísta y más brutal.

Los hombres se odian entre sí, y las clases sociales unas a otras, y los pueblos: porque todos sé aferran al fantasma de los bienes limitados, cuya posesión, furtiva, se desvanece en la nada.

Y todos, todos vuelven la cara ante lo bienes, propicios a todos, del amor universal y de la eternidad espiritual.

Corremos como locos, la frente ensangrentada a fuerza de tropezar contra todos los obstáculos, por los caminos del odio y la locura, gritando nuestras pasiones, de desbaratando todo, para apoderarnos, nosotros solos, de lo que jamas podremos conseguir.

HUELLAS DE DOLOR

No hay, en verdad, ningún corazón que no este manchado de villanías, de cálculos sórdidos, de faltas inconfesables, de todo eso que deja en la mirada resplandores equívocos.

Incluso los corazones purificados, de vuelta de las aguas turbias, conservan, para siempre, un regusto amargo, de imperfección y de cenizas.

Podremos recomponer la porcelana rara que se ha caído, pero el que sabe que estuvo rota conocerá las huellas de la fractura, por muy disimuladas que estén. Nunca mas la pieza que sé quebró recobrara la unidad invisible de lo que es perfecto, la unidad que ni la muerte puede hacer desaparecer.

Cuanto más avanzamos por la vida, mas se ahondan en nuestro corazón las huellas del dolor, imperceptibles para los que no nos conocían, pero desgarradoras porque esta hechas de cosas delicadas que se deshicieron, como la seda sutil de un tejido que se desgarra.

Bienaventurados los que se purifican con sufrimientos invisibles y se mantienen en pie a la hora del declinar.

Pero, ¿ hay ojos que sean capaces de mirar y de no temblar? ¿ Hay algunos que no escondan algo?

¿Quien es el que no se ha envilecido algun día. quien es el que no tiene que callar palabras, gestos, deseos, abdicaciones inconfesables?

¿Cuanto lodo tras lo convencional, tras la sonrisa!

¡Cuantos hombres, cuantas mujeres tienen que esconder el fracaso de su sensibilidad, de sus juramentos, de su cuerpo!

La caída es solo el final de muchas traiciones previas.

La carne no se abate mas que cuando las fibras innumeras del corazón se han roto secretamente, una tras otra, entre subterfugios, pretextos y abandonos envueltos en sonrisas.

Una vez comenzado el descenso, lo demás viene solo.

La bajeza esta en el pensamiento antes que el barro lo advierta.

El cuerpo no cede mas que cuando el alma ha abandonado a la corriente los remos que debieran trazar caminos rectos sobre el agua inmaculada.

LOS SANTOS

Los Santos nos enseñan que la perfección esta al alcance de cualquiera.

Ellos fueron también hombres sencillos, mujeres sencillas, llenos de pasiones, de flaquezas y, con frecuencia, de culpas.

Ellos también se han abandonado, han cedido, han debido pensar que jamas podrían desprenderse del olor a lodo y a pecado que nos acompaña a los hombres.

Pero han sabido sufrir.

Se han levantado después de cada caída, decididos a estar mas alerta que antes, mas alerta cuanto mas débiles se sintieran.

La virtud no es revelación repentina, sino una conquista lenta, dura y difícil.

Los Santos han sentido el goce sobrehumano de saberse, al fin, vencedores de su cuerpo y de su pensamiento.

Su lucha nos enseña que la felicidad en la tierra, y más allá de la tierra, esta al alcance de cada cual.

A cada uno de nosotros nos ha sido dada una voluntad para servirnos de ella.

El espíritu, antes que el cuerpo, es el que gana o el que capitula.

Somos, hay que recordarlo, nuestros dueños.

Podemos caer en el abismo o evitarlo.

Todo puede hacerse, todo puede no hacerse.

CRUCIFIXIÓN ETERNA

¿Quién sufrirá, quien estará allí, junto a Cristo, en los días de su nueva agonía?

No nos atrevemos ni a pensar siquiera en ese desierto espiritual donde se alza, cada primavera, la Cruz del Salvador.

La vida, trivial o turbia, de los hombres continua como un río frío e invisible.

Jesús recibirá, aun, los azotes y las espinas. Caerá al suelo la Cruz y aplastara su cuerpo; le clavaran, a martillazos tremendos, sobre el duro leño. "Han traspasado mis manos y mis pies y han contado todos mis huesos".

¿Que sabrá el mundo de todo esto?

Su sangre correrá lentamente sobre el cuerpo lívido. Sus ojos buscaran, a un tiempo, a su Padre y a nuestras almas...

Esas almas nuestras, ¿qué habrán comprendido de esta tragedia?

Ni se extrañaran ni lloraran.

Tal vez, ni pensaran siquiera.

Ni se darán, quizás, por enteradas.

Cristo muere solo, completamente solo.

Las almas duermen o son estériles y, precisamente, mientras Su Cuerpo cuelga ante el cielo y la tierra, dolorido, para poder librarlas de la torpeza y de la muerte.

La angustia de Su Corazón lanza, en vano, gritos de desesperación que deberían sobrecoger al mundo, y dejar a los hombres sin aliento.

El mundo perece porque su espíritu se ahoga.

El mundo tiene necesidad de esperanza, de caridad, de justicia, de humildad, para recobrar un poco de aliento.

La vida espiritual, que es como la respiración del alma de los hombres, la hemos recibido y la guardamos en deposito.

Somos sus portadores; y nuestras manos están lacias, y nuestros ojos secos, y nuestros labios no saben temblar de fervor y de emoción...

La fe solo vale lo que es capaz de conquistar; el amor, mientras arde; y la caridad, en tanto que salva...

NADIE

Una palmera tiembla. La arena se escape entre los dedos bronceados del niño. Unos corderitos señalados de sangre juegan topándose. Asnos minúsculos, de húmedos ojos, bajan de la colina. Este paisaje de Pascua es claro, brillante. El aire es fresco. Las margaritas se desparraman por la ladera.

¿Por que, nos decimos, por que sufrir la más desgarradora de las agonías en estos días, en que las mimosas, a montones, estallan en él recodo de los caminos?

Esos caminos claros y tibios llevan, empero, al Cristo doloroso y mudo hacia los clavos, las espinas, hacia su sangre y los salivazos.

¡Señor!, nosotros te seguimos confundidos en ese cortejo polvoriento, mezclándonos a esos pescadores rudos y cobardes que te amaban pero como nosotros te amamos, con medida, como sí la medida no fuera un insulto a tu amor.

Estamos cerca de ellos y no peores que otros, la mirada brillante, a veces, de la alegría de poder servirte. Alejamos los intrusos, agitamos las palmas, creemos estar muy cerca de tu corazón.

Y todo eso nos da una opinión demasiado buena de nosotros mismos.

En tus tristes ojos se refleja esta pobre vanidad nuestra.

Y a la hora de la agonía, como nuestro amor era frágil, estaremos lejos de tus heridas, de tus sudores de sangre y de ese gran grito, helado, que destrozara la tierra y apuñalara los corazones...

¡Señor!, volvemos, déjanos volver junto a tus pies amoratados. Déjanos apretar esa madera de la Cruz entre nuestros brazos temblorosos.

¿Cómo levantar nuestra mirada hacia tu cabeza ensangrentada, que, dulcemente, se inclina ?

Solo nos atrevemos a llorar!

¡Hubiera sido tan dulce entregarte nuestras almas en un impulso único y total, y estar a tu lado desde el Huerto de los Olivos hasta ese montículo donde yaces, inerte, transido por el viento de la noche!

No hemos tenido la suerte del buen ladrón, él ultimo que te amo, mirándote con esa mirada perdida que se hundía en el cielo.

Estamos deshechos por nuestras flaquezas, por nuestras cobardías, por nuestras tibiezas...

¡Señor!, tu nos dabas lo esencial y lo eterno, el pan y el vino, el aliento y el sol. Acariciabas nuestros corazones y nos dabas fuerza. Debimos saltar de gozo, ingrávidos, el corazón en fiesta, liberados para siempre de todos los compromisos, de todos los pesares, de cualquier esperanza que no fuera esta, suprema. Pero hemos preferido permanecer, encogidos, en el quicio de una puerta a la sombra plateada de un olivo.

Has pasado ante nosotros agotado y lleno de insultos. ¡Ay, Dios mío!, en esos minutos de dolor y de salvación no hemos cogido contigo la Cruz, no hemos besado tus llagas y tus espinas, no hemos ahuyentado a tus verdugos, ni roto sus látigos, ni ahogado sus injurias... No hemos sabido amar.

A la hora de la entrega total, estaban ¡ay!

Nuestros corazones vacíos. ¡Ahi estabas, Dios mío!, abandonado de todos, mudo y triste, rígidos los miembros. Nadie, nadie te seguía.

Apretemos el madero de la muerte y, sin levantar la cabeza, dejemos tendida a tus pies la derrota de nuestro corazón.

Volverás con la luz nueva, ¡Señor!, y entonces, ten piedad de nuestras almas vacías...

Sufrimos tanto, de vernos tan mezquinos y tan viles, tan imbuidos de nosotros mismos, tan preocupadas de nuestros egoísmos, de nuestras ambiciones, de nuestras vanidades...

Te hemos dejado sufrir, hemos visto correr tu sangre, alzar tu cruz, extinguirse la vida en tu rostro. ¿Tendremos, acaso, valor para contemplar tus llagas abiertas y tus ojos infinitamente fatigados?

Señor, se acerca la hora; tu luz va bruscamente a aparecer sobre la colina. Allí estaremos, no obstante, avergonzados y tristes... Enciende, Señor, nuestros corazones, con tu dulzura fulgurante, danos el calor y la pureza de ese fuego divino de donde vas a amanecer.

Agotados estamos al pie de tu sepulcro.

¡Señor!, haz que florezca en nuestras almas vencidas la llamarada de la Resurrección.

HABER AMADO MAL

En el cielo frío, de pálido oro, vuela, estremecida, una alondra.

¿En que pensara? Vibra y lanza sus gritos agudos y, a cada instante, parece que va a caer, pero un rápido batir de sus alas la cuelga del cielo otra vez.

Ama solo por amar, hasta que de repente, rota por su propia dicha, cae como una piedra, en él surco abierto.

Así sube el alma, como una flecha, gritando de amor, pare quedar suspendida en la inmensidad, por el prodigio de las alas invisibles que la sostienen y la vuelven a lanzar hacia arriba.

No sabe siquiera que puede volver a caer, que la tierra esta debajo; nada le importa y desprendida de todo, alienta estremecida y palpitante, como aspirada por la altura.

La alondra que planea sobre la tierra seca debe sentir también esa inefable alegría del amor colmado.

Nuestra alma esta destrozada, jadeante. Pero ese inmenso amor vuelve, como las olas, sobre nosotros y otra vez nos inunda de alegría y de gracia...

Si el gran drama del pecado nos hace su. sufrir tanto, es porque no nos deja darnos, porque hace que sea imperfecto nuestro don.

Porque amar no es otra cosa que darse.

El castigo del pecado es el dolor de haber pisoteado el amor. Quisiéramos entonces, arrancarnos las manos y los ojos, el cuerpo entero pecador.

Quisiéramos llorar con todas nuestras lagrimas. Pero es tarde también: no se puede recuperar lo que hemos desperdiciado. El día del pecado quedara como un negro abismo a pesar del arrepentimiento.

Aunque amemos con cuanto ardor queramos, el pasado no podremos volverlo a crear. Ese amor nuevo será un don nuevo, pero nada más.

Por eso el pecado nos hace sufrir hasta el final de la vida.

Quisiéramos ser Dios mismo, para recobrar ese día y devolverle su frescura de alba, y guardarlo después junto al corazón, con cuidado infinito' hasta la noche.

Con el primer pecado aprendemos que ya no amaremos, nunca mas, como hubiéramos podido amar. Y esto es lo que hace que el arrepentimiento sea desgarrador: porque no tiene solución.

Cuando conocemos el dolor de lo irreparable, quisiéramos sobrepasar todavía las posibilidades de nuestro corazón y arrancarle algunas gotas de amor, capaces de compensar el amor que cayo en la sombra.

Sin duda, es así la paz que nos da el beso de la agonía, la paz que pone fin al dolor, a la desesperación de haber amado mal, de haber amado demasiado poco, de haber manchado el amor que nació tan puro y tan limpio...

La alegría de los hombres

FUERTE Y DUROS

Ha desaparecido el sol. Media hora mas, y reinara la sombra.

Los pájaros lo saben, y cantan como locos en el jardín.

Por todas partes hay rosas tan empapadas de luz que se están muriendo.

El bosque duerme ya alrededor de los tejados.

Y de nuevo los pájaros lanzan sus gritos agudos y sus locos parlamentos, sin dude, a la intención de los dos enamorados que suenan allí cerca, sentados, con un inmenso sombrero blanco en las rodillas.

¿Quien vive, edemas de esos pájaros, de ese perro que ladra y de esos dos corazones que laten, flotando en la calma enervante de esta tarde de junio?

¿Como creer en esta hora inefable, impregnada de paz y de dulzura, que puedan existir entre hombres otras horas llena de odios, de rostros crispados, de gritos de furor?

¿Acaso esos hombres no miraron nunca como se van apagando las rosas en el cálido silencio de la noche?

Pero hemos de dejar ya ese vasto mar florido donde el corazón se serene.

Tenemos que tomar el rudo sendero, el camino donde las ruedas maltratan el suelo con ruido de lluvia tenaz.

Hay que ir en busca de las luces brutales, de los rostros vacíos, de los rostros sin alma.

¡ay!, el honor de los corazones áridos y de las sensibilidades distintas.

Este jardín, en el crepúsculo, es tan sencillo y se entrega como un don total...

Estas rosas moribundas, estos grupos de arboles, los sembrados que ondulan como un mar gris, los graves pinos, son tan puros y tan simples, que toda nuestra infancia remota reaparece en nuestra alma junto a esta infancia eterna de los arboles y de las flores...

Ya no se oye nada.

La noche besa las rosas.

Los bosques destacan su perfil negro sobre el claro final del crepúsculo.

E1 ultimo pájaro que cantaba cesa por un instante su canto para oír el silencio. Los dos enamorados se alzan ya, trémulas las manos, estremecidos por el ligero viento los cabellos.

Y yo, yo tendré que levantarme también.

Y avanzare lentamente, sin tocar las hojas ni la vida infinita que se desliza a través de las sombras.

adivinare el contorno de las cosas. Sentiré como florece ya, temblando en cada hoja, el rocío que refrescara manzana al sol, cuando aparezca por encima del bosque.

Silencio y dolor ante tanta profundidad y ante tanta inocencia...

¿Donde esta la noche de los corazones de la que resurgirá esa mañana iluminada?

Tendremos que volver a nuestras melancolías, reanudar nuestra marcha leal de hombre del campo y del bosque, perdido entre corazones estériles.

Allá entre resplandores bárbaros ¿quien será capaz de adivinar en nuestros ojos temblorosos que acabamos de dejar los bosques y los trigales, la sombra y el silencio?

¿Mas para que enternecerse? A1 borde del sendero esta la vida cruel, la vida a dentelladas.

No miremos, no pensemos, no respiremos mas este aire cargado de perfumes de muerte...

No mas claridad. Dejemos que la noche roa los corazones.

Mañana, cuando el día remonte la cima de los arboles, ya no tendremos ante nosotros mas que él horizonte cerrado de los hombres.

Seamos fuertes, duros, alegres, a través de todo, del sol de nuestras almas.

Tarde que mueres, muda y segura de tu alba, danos la paz de las luces que renacen, tras el inmenso despertar de las noches propicias...

EL PRECIO DE LA VIDA

Hay que repetir sin cesar, cual es el precio de la vida.

Es el instrumento admirable, puesto en nuestras manos para forjar la voluntad, pare educar nuestra conciencia, para construir una obra de razón y de corazón.

La vida no es tristeza, sino alegría hecha carne.

Alegría de ser útil.

Alegría de dominar lo que podría empequeñecernos.

Alegría de actuar y de entregarse.

Alegría de amar todo lo que vibra, espíritu o materia, porque todo, engarzado en una vida recta, eleva y aligera en lugar de pesar sobre nosotros.

Tenemos que amar la vida.

A veces, en las horas de cansancio y de hastío, llegamos a dudar de ella.

Debemos dominarnos, reaccionar.

Son muchos los hombres viles. Pero junto a ellos, junto a esos cuya bajeza es una blasfemia de vida, existen otros: Todos aquellos, los que vemos y los que no vemos, que no son así y que, por no serlo, salvan al mundo y al honor de vivir.

RENUNCIACIÓN

La felicidad, cuya causa se ignore, no es halagüeña. Es una especie de felicidad vegetativa.

La verdadera felicidad, la felicidad digna del hombre, la que nos eleva, es la felicidad asistida por el espíritu, la que nace de la renunciación del alma, de su abdicación, en plena conciencia, de los placeres que la vida nos ofrece o nos regatea.

Feliz es aquel que no es esclavo del azar y que sabe gozar del placer de fuera y, también, renunciar a el.

Mientras suframos por estas privaciones, mientras suframos comparando nuestra suerte material con la de los demás, no seremos ni felices ni libres.

Hay que guardar un humor uniforme, aunque tengamos que aligerar nuestra alma, cuando el universo exterior es solo un inmenso vacío, hay que vivir intensamente en esa "ausencia material" sintiéndonos ingrávidos, purgados de preocupaciones, dueños de nuestros deseos, doblegándolos al señorío pleno del espíritu, y solo así surgirá la victoria del hombre y su ascensión a la felicidad inmutable.

Toda comparación material parece entonces mezquina junto a la liberación que nos da la victoria del espíritu sobre las inquietudes, los bienes y las necesidades materiales.

La felicidad puede nacer en todas partes.

Y, en verdad, no es fuera de nosotros, sino dentro de cada uno, donde esta, con sus supremas posibilidades.

EL PODER DE LA ALEGRÍA

¡Hay tantas cosas que pueden darnos felicidad... !

Solo el liberarnos de nuestros deseos nos puede hacer felices.

La alegría de vivir, por si sola, baste pare lograrla.

La alegría de tener radiante el corazón.

La alegría de tener un cuerpo robusto, brazos y piernas duros como arboles y pulmones que beben la vida del aire.

La alegría de poseer ojos que reflejan en su espejo aterciopelado los colores y las formas.

La alegría de pasar horas y horas trazando las grandes líneas rectas de la razón o bordando, a capricho, nuestros sueños.

La alegría de creer, alegría de amar, de entregarse, de avanzar a grandes pasos por la vida, como sé avanza ingrávido por el agua.

¿Como, pues, no ser feliz...?

¡Es tan sencillo, tan elemental, tan natural!

A través de las peores calamidades, la felicidad renace siempre como un surtidor que se pretendiera sofocar.

Ser feliz y vivir son una misma cosa.

No ser feliz es dudar de nuestro cuerpo, del calor de nuestra sangre, del fuego devorador del corazón, de la claridad del espíritu que inunda nuestro ser.

La desgracia misma nos trae la alegría dolorosa del alma que se entrega sangrando, que sopesa su sacrificio y desmenuza y analiza su amargura.

¡Alegría cruel, pero alegría de jerarquía excelsa, de la que solo es capaz el hombre que, con el corazón desgarrado, todo lo comprende!

SONAR, PENSAR

Las horas del ensueño son las horas profundas de la vida, en las que toda la poesía que bulle en nosotros se agrupa y flota como un fuego fatuo.

Después, el sol vuelve a salir.

Las brumas blanquecinas descienden como llamadas por el río. Ya solo se ve la gran espada del agua clara. Y la razón, entonces, ordena y reúne los fragmentos que brotaron del sueño y les imprime su huella.

¡Que alegría encontrar y comparar! ¡Que alegría dar a las cosas un sentido de la belleza y una dirección! ¡Que alegría comprender y subir las laderas y llegar a las cima de la verdad y de lo eficaz!

El espíritu traza las líneas claras de sus leyes.

El hombre se siente en ese momento superior a todo, dueño de este universo monstruoso y desmesurado en el que, son los cerebros, no más grandes que una fruta o que un pájaro, los que imponen el orden y la armonía.

Quien no sepa gozar las posibilidades de soñar y de pensar que, a cada segundo, la vida ofrece al hombre, la nobleza de esa vida.

El hechizo es siempre posible, porque los sueños son los violoncelos que suenan en el jardín de las almas.

Podemos pensar siempre, es decir, tener el espíritu no solo ocupado, sino vibrante, tenso hacia un dominio mas fuerte, más exultante que el fuego de los deseos infinitos.

Aburrirse es renunciar al sueño y al espíritu.

El aburrimiento es la enfermedad de las almas y de los cerebros vacíos.

La vida, entonces, se convierte en un esfuerzo desesperadamente gris.

El amor mismo no se exalta ni se hechiza sino en la medida en que el espíritu superior mantiene la poesía y fortifica los impulsos de la sensibilidad.

Es también preciso soñar y pensar nuestro amor.

LA PACIENCIA

La paciencia es la primera victoria, la victoria sobre si mismo, la victoria sobre los nervios, sobre nuestra susceptibilidad.

Mientras que no la adquirimos, la vida no es sino un torrente de capitulaciones. Capitulaciones, sin duda, estrepitosa, disfrazadas por gritos de falsa autoridad, que solo representan, en verdad, la abdicación ante el orgullo.

Tener paciencia es saber aguardar nuestra hora con el dedo crispado sobre el gatillo, alerta, como vigilando la presa.

Tener paciencia es construir cada acto de cada día con orden y equilibrio, que son el andamiaje que sostiene la vida en pie.

La paciencia nos da la alegría de saber mantenernos sin ceder.

La impaciencia deja en el corazón el reproche de haberse dejado llevar por el impulso y de haber creado, en torno nuestro, una vacua y nefasta agitación.

LA OBEDIENCIA

Nada fundamental puede realizarse si se es egoísta, si se es orgulloso.

Obedecer es una alegría, porque es una forma de darse, de darse conscientemente.

Obedecer es un deber, pues el bien común depende de la conjunción disciplinada de todas las energías.

La sociedad humana no es una nube de mosquitos encarnizados y alocados, lanzados al viento según su interés y su humor. Sino que es un gran complejo sensible, que la anarquía convierte en estéril o peligroso, mientras que el orden y la armonía dan posibilidades ilimitadas.

Un pueblo rico, compuesto de millón de individuos aislados egoístamente, es pueblo muerto.

Un pueblo pobre, en el que cada cual reconoce inteligentemente sus limites y sus obligaciones y obedece y trabaja en equipo es un pueblo vivo.

La obediencia es la forma más elevada del uso de libertad.

Es una manifestación constante de autoridad; autoridad sobre si mismo que es más difícil de todas.

Nadie sabe, en verdad, dirigir a los demás si no ha sabido antes dirigirse a si mismo, dominar el corcel orgulloso que, dentro de cada cual, hubiera querido lanzarse alocadamente al viento de la aventura.

Después de haber obedecido, entonces, si podemos mandar, no para gozar brutalmente del derecho de aplastar a los otros, sino porque el mando es una cosa magnifica cuando tiende a disciplinar las fuerzas impacientes de los demás, y a conducirlas a la plenitud de su rendimiento, manantial supremo de la alegría.

LA BONDAD

Una palabra, a veces una sola palabra afectuosa, una mirada llena de sincera amistad, pueden salvar a un hombre.

Con el amor y con el ejemplo lo podemos todo, absolutamente todo.

Excitarse, gritar, conducen difícilmente al fondo de los problemas.

Hay que ser bueno, adivinar lo que ocurre en medio de la niebla de los corazones, endulzar la severidad necesaria con la palabra amistosa que da esperanza, ponerse siempre en el lugar del prójimo, en el alma del prójimo, pensar en nuestra propia reacción si nos viéramos en el trance de ser reprendidos en lugar de ser nosotros los que criticamos.

Todo hombre es un niño grande, un tanto vicioso, pero ingenuo, sensible, inclinado hacia el amor.

No hay treinta y seis caminos para dirigirle hacia el bien sino uno solo: el del corazón.

Los otros caminos parecen a veces más fáciles, pero no conducen a parte alguna.

BEATA SOLITUDO

La compañía, en el fondo, solo es agitación, ruido, perturbación en torno a la propia soledad.

Buscar sin cesar lo que llamamos animación es miedo a encontrarse frente a si mismo.

¿Cómo hemos podido confundir la alegría con la inmersión permanente en la baraúnda tumultuosa?

¿Por que sumergidos en los demás para ser felices?

Sumergirnos en los demás es ponernos en contacto con su corteza, gozar tan solo sus actitudes artificiales o superficiales. Esto puede divertirnos, darnos un placer fugaz, como bocanada de aire.

Pero ¡qué diferencia entre ese placer sin profundidad y la felicidad profunda, esencial, de la conversación consigo mismo, del análisis de los íntimos pensamientos y de la propia sensibilidad!

Entonces, todo lo vemos hasta el fondo.

Negar el poder, la amplitud de esa alegría, la verdadera, es negar la vida interior.

La soledad es para el alma la magnifica ocasión de conocerse, de vigilarse, de formarse a si misma.

Solo los cerebros vacíos, o los corazones inconstantes, tienen miedo de quedar en silencio frente a si mismos.

Solo en esos momentos veremos si los sentimientos son sólidos o si, por el contrario, eran no mas, ruido y fugacidad.

Los sentimientos elevados pueden vivir solos, sin presencia física: mas aun, el aislamiento los purifica y los engrandece.

La alegría, la gran alegría que es como un bloque de granito bajo el agua de la vida que corre, la alegría que no abandona ni decepciona, cual surge de la lucha interior, de la exaltación interior. Hay, pues, que vigilarse, que dominarse, que purificarse, que elevarse; hay que tener el valor de pensar.

¡Porque es mucho más sencillo ser perezoso o cobarde ante el trabajo espiritual!

Es duro, si, tener la energía suficiente pare dilatar nuestros campos secretos ¡para amar intensamente, es decir, pare darse en el silencio!

Y así, preferimos olvidar que esas alegrías fundamentales existen, contentándonos con los placeres inmediatos, ruidosos, después de los cuales nada queda, sino polvo en el corazón y heridas en las alas.

Los místicos han conocido este esfuerzo constante de la vida interior.

¿Y eran acaso menos felices? ¿Era su alegría menor que la nuestra? ¿Menor que la de nosotros, que charloteamos, con gente que no sabemos como son, palabras y palabras que mueren en un mismo eco?

Pero esta alegría de los místicos no es mas que un ejemplo.

La misma alegría interior existe en otras regiones de la espiritualidad y de la sensibilidad.

La presencia corporal no es completamente indispensable. Podemos amar de un modo perfecto y estar alegres, de las mas altas alegrías, en ausencia de lo corporal y en la misma muerte.

Mientras no nos desprendamos, un día. de todo lo externo y no seamos capaces de vivir solos, es decir, en compañía de lo mas real, lo que nada turba, no pisaremos el umbral de la felicidad.

En lugar de quejarnos de la soledad, bendigámosla, aprovechemos la posibilidad inesperada que nos da para examinarnos en silencio, para dominarnos lucidamente y totalmente, hasta en nuestros mas contradictorios pensamientos.

Se nos cierran las puertas del mundo? ¿Se interrumpe nuestro contacto con lo de fuera?

¡Tanto mejor!

Ello significa, si nosotros queremos, que las puertas se le abren al alma, que estamos en contacto exacto con nosotros; ello significa las alegrías exultantes del conocimiento, de la plenitud espiritual; del místico don, el mas delicado y el mas completo.

LA GRANDEZA

Muchas veces alcanzamos la grandeza haciendo, con toda la nobleza de que somos capaces, las mil cosas pequeñas y molestas de la vida.

Es infinitamente mas difícil que el alma se afane mil veces cada día en deberes pequeños, que realizar, en una ocasión solemne, una hazaña memorable.

E1 prestigio del gran momento, el afán de asombrar a los demás, nos da entonces la fuerza necesaria para actuar y nos hace concebir la mas alta opinión de nosotros mismos.

Podemos triunfar, pues, maravillosamente la gran ocasi6n y estar sin embargo muy lejos de la verdadera grandeza.

La grandeza verdadera esta en la nobleza del alma, que se da y se gasta, anhelante de darse, en cada uno de nuestros deberes, sobre todo en los que están limpios de vanidad.

Todo esto concierne a la mujer como al hombre.

La grandeza para la mujer esta en entregarse por completo, hora tras hora, a sus cotidianos deberes.

Nadie la admirara, sin embargo.

Porque es difícil conocer los múltiples combates que ha tenido que librar, en el fondo de su corazón, a la pereza, al orgullo, a las pasiones sugestivas, a la blandura que llama al alma y al cuerpo hacia las arenas cálidas de la vida fácil.

La mujer que a pesar de todo esto avanza, resiste, progresa, es en verdad puesto que se ha dado por entero, sin necesidad de estímulos artificiosos y pasajeros.

¡Cuanta gente, colmada de todo, se queja de continuo, lo encuentra todo mal y no acierta a gozar nunca de nada!

Todo les parece aburrido, porque ellos no se saben dar nunca, porque abordan cada uno de los momentos en que debieran entregar algo de su propio ser, con el propósito previo de no dar mas que lo indispensable, y ese poco, con pesar.

Todo esta en darse y en saberse dar.

Las gentes felices son las que saben darse. Los insatisfechos, lo son porque ahogan su existencia en una suspicacia perpetua, y se preguntan, cada vez que tienen que dar, Cuanto es lo que van a perder.

Virtud, grandeza, felicidad, todo gira en torno de esto, solo de esto: darse.

Darse completamente y en todo instante. Hacer lo que se debe hacer, con ímpetu, con gracia y con el máximo interés, incluso cuando el deber carezca de aparente grandeza.

Hombre o mujer, rico o pobre, el problema es exactamente el mismo: es el don, el saberse o no saberse dar, lo que hace claras a las almas o las hace recalcitrantes y turbias.

Servicio de los hombres

LOS GRANDES EJERCICIOS.

Morir veinte años antes o después, importa poco.

Lo que importa es morir bien.

Entonces es, tan solo, cuando empieza la vida.

Puedo morir mañana. La humildad de mi destino en la vida del frente me prepara mejor a la ascética renuncia. Como no he sido un santo, desearía morir con el alma, al menos, limpia.

Tal vez tenga las semanas contadas. Tendré, pues, que multiplicar las ocasiones de purificarme.

Yo había soñado, antaño, con una larga enfermedad que me prepararía a morir.

Hubiera esto ocurrido en una atmósfera de lenta decadencia.

Pero aquí, esa preparación acaece en plena fuerza, en la plenitud de la voluntad. Me doy cuenta de esta ventura.

Mas tal vez vuelva con vida, con mas vida que nunca.

De todos modos, estos grandes ejércitos que terminan en la vida o en la muerte, habrán sido una bendición para mi.

Gozo de ellos como de un sol esplendoroso.

El soldado aprende a ser grande en medio de las cosas mas corrientes, mas sencillas y penosas.

El heroísmo consiste en resistir, en luchar calladamente, en estar siempre alerta, alegre y fuerte, en medio de ese fango, de esos montones de excrementos, de esos cadáveres, de esa niebla de agua y de nieve, de esos campos interminables y descoloridos, de esa ausencia total de felicidad externa...

Nos alejamos un poco más cada día. ¿No somos ya como medio muertos que avanzan, apretando los dientes, a través de la bruma?

Debemos mirar siempre hacia los que tienen menos que nosotros y contentarnos, y gozar lo que poseemos, sin alimentar nuestro espíritu de quimeras.

La vida es siempre bella si sabemos mirarla con ojos apacibles, con luz de un alma en paz.

Aquí nada tenemos, y somos felices.

Tenemos que despojarnos de todo para poder encontrar, después, la felicidad que florece solo en las almas desnudas.

En el silencio turbado por el crepitar de las balas, solo del pasado se nutre mi corazón.

¡Que otra cosa podría tener aquí!

Comemos los animales que matamos y que preparamos, nosotros mismos, como podemos. Tras las horas de espera o de combate, tendidos en el suelo helado, regresamos, transidos, a la paja de nuestros refugios miserables. Una pequeña lampara, vacilante, diluye la sombra.

Junto a ella me desojo leyendo a Montaigne y a Pascal.

No hay mas remedio que alimentar al espíritu, para no dejarse caer en el embrutecimiento, en la suciedad, en la mediocridad. Pienso y trato de forjar, en mis sueños despiertos, las primaveras del mañana.

El trigo de dolor que lanzamos sobre tierras negruzcas se levantara, tarde o temprano, duro y poderoso.

Mi pequeña lampara brilla con su luz dorada. Mi corazón vive como ella: ardiente y solitario...

La guerra. No solo es combate: es, sobre todo, una larga serie, a veces agotadora, de renuncias silenciosas, de sacrificios cotidianos y sin relieve.

En todas partes, la virtud se forja del mismo modo.

Las privaciones, esta espera humilde, ingrata, ese servicio sin ostentación en el que uno se juega la vida, en campos y en bosques desconocidos ; ese remanso al margen de todas las alegrías, es la verdadera guerra, la guerra que hacen millones de hombres que no conocerán jamás la gloria, y que regresaran' con el rostro triste, apretados los labios, pues los demás no habrán podido comprender todo lo que ha tenido su oscuro heroísmo, de desgarro y de renunciación.

La masa no se emociona mas que con el heroísmo brillante y ruidoso. Lo que al publico impresiona es el resplandor fugitivo, pero no la penosa y lenta ascensión de las almas que ascienden en la penumbra, hacia la grandeza.

¿Es que se ve o se oye, de cada cual, algo mas que lo externo?

Hay en el fondo de los corazones un abismo tal de deseos, de renuncias, de penas y de esperanzas, que preferimos no afrontarlo.

Es más sencillo y más agradable atenerse al exterior de las cosas y gozar, sin pensar demasiado las palabras y actitudes que tejen el velo que nos oculta el drama humano.

Nosotros estamos al otro lado de ese velo.

¿Que almas tendrán la fuerza necesaria para venir a unirse, espiritualmente, con nosotros?

Nada más terrible que un jefe que no se conoce.

El celo, la misma inteligencia, bastan a suplir otras cosas.

Hay una cultura, un equilibrio del espíritu, una madurez cálida del pensamiento que solo pueden ser el resultado de la larga disciplina, de las facultades superiores, aplicadas, con fervor y con método, al estudio de la obra desnuda de la humana inteligencia.

Solo el estudio desinteresado de las civilizaciones antiguas, que son manantial de las ideas y de los sistemas; el estudio de la filosofía; el estudio de las matemáticas y el estudio comparado de la Historia, solo ellos pueden darnos la plena armonía del espíritu, sin lo que los éxitos mas aparatosos son frágiles y pasajeros.

La madurez intelectual no es inconciliable con el genio. La madurez da al genio exactitud y calor humano, y acierta a canalizarle. Su fuerza no disminuye y se hace más eficaz. Richelieu no hubiera dado a Francia la mitad de lo que su genio le dio, si hubiera sido un autodidacta.

La debilidad de nuestro siglo consiste en que es el siglo de los autodidactas. La obra de estos tiene siempre un carácter desordenado, inhumano, inestable. El genio verdadero es equilibrado; por lo menos el genio bienhechor, el que crea felicidad, progreso y orden.

El genio instintivo maravilla y asombra, pero cuesta caro.

La noche parece mas negra todavía después de apagarse los fuegos artificiales.

He presenciado la matanza de un cerdo. Se agarraba a su vida y, casi exangüe, hociqueaba y gemía aun Animales u hombres, somos iguales ante la muerte. Tenemos que vigilarnos ásperamente para hacernos con un valor que pueda liberarnos de los aullidos de la bestia, en las horas en que nuestro honor de hombres esta en juego.

La muerte esta frente a nosotros. Esta en todas partes. Y, sin duda, por esto, comprendemos mejor que los demás la grandeza de la vida.

Si el alma no se eleva, recta como el calor de fusil, recta como la cruz de las tumbas, pronto nos desharíamos.

Todo nuestro mundo es, ahora, un bosque, unos campos, unos pantanos, unos arboles desnudos, cerca de los cuales estamos al acecho, día y noche, soplándonos las manos heladas, frotándonos las orejas, golpeando el suelo con el pie. Tierra que se ha vuelto dura como la piedra, después de haber sido un mar de fango donde nos enterrábamos.

Por la noche, que empieza a las cuatro, no hay mas que la sombra, en la que solo alimenta el espíritu.

Hay que estrechar los frenos que rigen el corazón, para no llorar ante el abismo.

El alma esta totalmente, totalmente sola.

Y sin embargo, se siente orgullosa y canta porque esta desnuda como en los días de la inocencia; porque tiene la plena conciencia de la gravedad de la misión que se ofrece a los que rescataran, en los abismos de la soledad, las cobardías y las impurezas del tiempo en que el alma giraba en el vacío.

Aquí sus alas empiezan a batir, a sacudir, el barro que las manchaba, a recobrar la dicha primitiva del aire puro, del espacio.

¡Si hemos sufrido aquí útilmente, nuestra será la victoria!

¿Pero sabremos sufrir, con pureza, hasta el final?

¿No pareceremos ridículos, con nuestros halos de luz, cuando regresemos?

¿Tendremos el valor de no avergonzarnos ante las burlas de las almas mediocres, que parecerán triunfadoras?

DOMAR LOS CORCELES

Las pulgas han invadido, en filas apretadas, nuestros uniformes terrizos; los ratones corretean. Una rata se calienta pegada a mi nariz mientras duermo.

Estas compañías dan la gran lección a nuestra vanidad, a nuestro orgullo, a nosotros, que no podemos librarnos de los animalillos mas pequeños, mas ridículos y mas sucios.

Pero la poesía esta en todas partes. Delante de nuestros fusiles, millares de gorriones saltan en los arbustos, moviendo sus vientres redondos. Escuchan, a un metro de distancia, las fiestas que trato de hacerles; y se instalan después, en locos bandos, entre los juncos, gritando, piando y silbando como si el cielo plateado lanzara bocanadas de clara alegría sobre el paisaje helado.

También hay cuervos que pasan, mudos, aislados, como rayos negros. De vez en cuando, lanzan su grito ronco, sin duda para recordarnos que la muerte nos acecha ruda y voraz, como ellos, con el ala sombría y cortante...

Nos esforzamos, una y otra vez, en sonreír a los gorriones que cantan y a los cuervos solemnes que pasan. Pero el corazón es el corazón; y detrás de la sonrisa en los labios y en los ojos, siguen enhiestos nuestros pobres secretos del animal que sufre.

Nos sentimos vigilados desde todas partes por la muerte; cuesta dar cada paso, paso pesado, paso que hay que aligerar a pesar de la ametralladora que gravita, y de los pies que tropiezan, y de las cosechas podridas que crujen al avanzar, y de los grandes hoyos en los que caemos sin decir palabra.

He aquí la vida ingrata de las armas, sin arrebatos ni espectadores, en la que, en cualquier momento, puede uno ser apuñalado y muerto, o arrastrado vivo hasta los enemigos de enfrente.

Hay que avanzar con calma, metro a metro, sin pensar en el tiro que puede estallar de repente, diez pasos mas allá. Unos golpes sordos, un grito ronco... y la noche seguirá oscura, cerrada, helada, implacable...

Todas las fuerzas de la vida querrían sublevarse en estos momentos, porque queremos vivirla, porque no queremos perder nuestros miembros, la sangre que late, poderosa, en nuestro cuerpo; queremos seguir siendo de carne y hueso, queremos la luz que volverá a renacer. El vigor, el calor, el latido de la bestia humana gritan su voluntad de seguir adelante, de arder, de crepitar. ¡Terrible lección de energía, la de guardar la vida así, encogida, subyugada, o prendada en la sombra, dispuesta para el ultimo estremecimiento y el ultimo estertor!

Volveremos con los impulsos encadenados.

Pero, entonces, la alegría de vivir será mas fuerte aun porque sabremos, en verdad, el precio de esa alegría, el sabor, la ardiente dulzura de cada segundo de alentar que nace, como una gota de silencio, en nuestros corazones crispados.

Amamos desenfrenadamente nuestra existencia mortal, el ritmo de nuestros pensamientos, el ímpetu de nuestros sentidos, que un rayo, en la noche, podrá deshacer.

¡Nuestros brazos, nuestras piernas, nuestros ojos, prestos para abrazar, para avanzar, para mirar con pasión, con imperio!

Todo esto grita, grita su derecho a la vida; derecho de la fiera que quiere correr y morder; derecho de la inteligencia que quiere soñar, encantarse y crear.

¡La vida... ! ¡Que hermosa, que indescriptiblemente hermosa es! ¡ Exultante, suave como las pieles, luminosa como el mediodía, ardiente como el fuego!

¡ Quisiéramos aprisionar esta vida en nuestras manos duras de rudos soldados, expectantes' pacientes y vigilantes de la sombra!

Hemos aprendido a dominarnos, a dominar los corceles salvajes que relinchaban en los campos inmensos de nuestros sueños. Pero, mientras los sujetamos con puño de acero, aspiramos, con voluptuosidad que nos hace cerrar los ojos, el vaho pujante de vida que humea de sus cuerpos extenuados

¡Vida! ¡Vida!

Es tan intenso el frío que los frascos de medicamentos estallan. Hasta el alcohol se ha helado en la Ambulancia. ¡Pobres de nuestros pies, pobres orejas, pobres narices pálidas y momificadas en esas noches en que silba ferozmente el viento!

Ha llegado esta mañana la orden de marchar hacia otro sector.

Iremos a donde nos digan, sonrientes sobre la nieve que, desde nuestro despertar, cae lentamente como grandes copos de algodón.

Nuestros pies estarán transidos, nuestros labios agrietados; nuestros cuerpos, doblados para soportar mejor el frío, nos pesara como el plomo, pero el fuego interior continuara subiendo y brillara ante nuestros ojos como un resplandor.

Siento, no se por que, abandonar este rincón del frente.

Aquí se nos ha ensanchado el alma.

Esos cerros, esas hileras de pinos, esos montones de heno podrido, nos han visto un día y otro, con el ojo alerta, espiando las sombras.

Ese cielo negro, que contemplo ahora por ultima vez, lo he rasgado con mis balas agudas, mientras las balas enemigas lanzaban, gritaban como gatos perseguidos.

Ya tengo preparada mi mochila. Miro la paja pisoteada en trozos menudos, donde descansaba fatigado y helado al volver de la patrulla nocturna. El pequeño quinqué humeante alumbra con su llama amarillenta mi mapa.

Cuelgan de una cuerda algunas camisas algunos pañuelos. Lavados de cualquier modo, y cubiertos ya de polvo.

Adiós pobres paredes de barro, adiós horno que encendíamos con trozos de ruinas, adiós ventanilla de cristales cuadrados llenos de musgo.

Recogemos las cazuelas abolladas, las peludas cantimploras y las armas negras y brillantes.

Mas tarde, volverá a haber aquí plantas espléndidas; iconos como mujeres de faldas rudas; el olor acre del aceite.

Pero habrá muerto para siempre la vida humilde y bulliciosa de muchachos extranjeros, perdidos en el fondo de la estepa ucraniana, que no sabían, al salir cada noche, si regresarían palpando con sus manos la carne llena de sangre caliente...

Este mísero trozo de penumbra ha sido el asilo de una intensa vida espiritual, que se ira con nosotros para renacer al azar de los caminos helados, de los refugios improvisados, de los taludes, de las trincheras desde donde habrá que espiar y castigar al enemigo.

¿Volveremos aquí algún día?

Lo esencial habrá desaparecido ya.

Por esto, nos iremos en seguida, sin volver la cabeza hacia atrás. La vida esta delante de nosotros, aunque la vida pueda ser la muerte.

¡Bah! Cuanto mayor es el sacrificio, mas completa es nuestra entrega; y para darnos, hemos venido aquí.

EL CIELO APOCALIPTICO

Sopla el viento, en ráfagas cortantes haciendo silbar la nieve como la arena en el desierto. E1 rió esta helado y helados sus pequeños afluentes que corren por las hondonadas, heladas las colinas, los cardos de los taludes y las fabricas en ruinas.

Mi corazón siente, siente frío, el frío de estos meses, con el alma en tensión de encogimiento, en la soledad inhumana; el frío de sentirme como esos arboles negros e inmoviles, azotados por la brisa.

Estamos todos transidos. Comemos un trozo de pan helado, sobre la paja que nos sirve de lecho común.

Con la navaja desprendemos las enormes capas de barro que cubren nuestras ropas y el fango negro de nuestras botas. No hay agua. ¡Tenemos que ir a cuatro kilómetros a buscar un liquido oscuro lleno de hierbajos!

Amamos, sin embargo, nuestra miseria, porque nos eleva y nos prepara para los altos destinos que reclaman corazones fuertes y puros.

El ciclo de la guerra se hace apocalíptico: las ondas se ensanchan cada vez mas, crecen en velocidad y fuerza, para extenderse en un movimiento giratorio y fabuloso.

La guerra se ha convertido rápidamente en revolución.

El mundo entero esta engranado en ese vertiginoso torbellino, las armas se entrechocan, las fuerzas económicas se enfrentan, se destrozan en mortal combate; las fuerzas del espíritu se entregan a un duelo decisivo.

El universo entero tiene que sangrar, luchar, conocer el terror de la huida, la agonía de las separaciones. Millares de hombres, millones de hombres, miraran con ojos fríos o febriles la Muerte, siempre la misma, es decir, para siempre cruel, capaz de destrozar al mismo tiempo la carne y el corazón.

Este drama era ineludible.

Solo los ciegos y los necios, es decir, casi todo el mundo, creían que se trataba de conflictos entre naciones rivales, conflictos que podrían localizar.

No. Se trata de una guerra de religión, implacable como todas las guerras de religión, pero esta alcanzara proporciones casi ilimitadas; hasta la ultima isla de Tahiti o de Laponia tendrán, como todos, que elegir.

¿Cuando y como se cerrara este prodigioso proceso.

Nuestras vidas, durante largo tiempo todavía, estarán cruzadas por estos rayos.

Nuestros hijos crecerán en este tumulto, entre el cegador relumbrar de las ideas y de las armas que caen o que se alzan triunfantes.

¡Siglo en el que, a veces, la sangre se hiela ante la magnitud de un drama!, pero siglo patético en el que el universo entero se rehace, mas aun por el espíritu que por el hierro.

Tragedia como no conoció jamas el mundo. Millones de corazones están en escena: unos, ingenuos todavía; otros, ya maduros y mudos; o bien, otros destrozados...

Después de andar cien metros entre las líneas de combate, fangosas, volvemos desechos, como si hubiéramos atravesado un estanque de goma endurecida.

No tenemos nada que hacer.

No hay nada que leer; no tenemos mas que una lampara mísera de petróleo, pequeña llama amarillenta, que solo ilumina un metro cuadrado de nuestro refugio.

Se necesita mas valor para vivir así, enterrado en el fango, que para avanzar frente al enemigo, con la ametralladora bajo el brazo.

La tentación nos acecha; oímos las voces sordas y las preguntas desmoralizadoras. Que haces tu ahí? ¿No ves que estas perdiendo el tiempo? ¿Para que tu esfuerzòtus sacrificios? ¿ Acaso se han enterado de si existes? ¿No ves que otros utilizan tus sacrificios, mientras tu te pudres en el olvido y en el agua?

Pero el alma recobra al punto su serenidad: sabe que nada hay más precioso que este renunciamiento, que esta bajada muda al fondo mismo de la conciencia.

¡La verdadera victoria, la victoria sobre sí mismo! ¿Donde podrá lograrse mejor que en medio de esas humillaciones, soportadas alta la cabeza, dominando, sin inútiles gestos, la materia rebelde, los desfallecimientos del corazón, todos los sutiles enemigos que quisieran asaltar al espíritu?

LUCES

Para nosotros, la guerra es: los pobres compañeros de rostros verdosos que se hunden en la tierra Congelada; y es también, y sobre todo, el dolor oscuro sin alharacas, el barro, la nieve, las ratas, los pies destrozados por las marchas sin fin, las cien miserias, un poco vergonzantes, que rodean la vida del soldado en el frente, como una niebla pegajosa y triste.

Esta vida ahogada exige, sin cesar, una reacción de energía, un sobresalto del alma, que tiene que desprenderse de la niebla para seguir brillando. Pero esta vida nada tiene que ver con las ideas brillantes del publico, acerca de las hazañas guerreras.

No debemos, empero, deformar la bella estampa, de vivos colores, que se había formado.

Sin embargo, yo apuro cada día esta vida, con una alegría un poco triste pero eficaz, porque es una lección incomparable de paciencia, de mortificación, de elevación.

¡ No quejaros jamas!

No intentéis eludir la gran prueba, ni de ahogar su voz. Si su lección fuera inútil, si vuestras almas no estuvieran al regresar transfiguradas, entonces se levantaría un muralla entre los que temblaron ante la gran prueba y los que supieron mirar, cara a cara a los días graves que nos podían enseñar a ser grandes

La vida distribuye en serie sus zancadillas.

Yo me había evadido, con el corazón cansado, inquieto, devorado. No regresare hasta que haya vuelto a encontrar, en la paz, la inocencia.

¡ Navidad! Veo caer la nieve incansablemente, y, a pesar de su ligereza, siento como si se me ahogase.

Pasan unos soldados apresurados bajo sus mochilas henchidas.

Nada en torno mío; siempre la paja, el viento que sopla, un hombre mordiéndose las unas, otros que duermen, rendidos por la fatiga de las noches en vela.

Jesús, pienso yo, hubiera podido nacer en este refugio.

¡ Oh, el candor de los buenos animales del pesebre, que hicieron todo lo que podían hacer!

No se nos pide mas a nosotros.

¡Oh, el candor del corazón de los pastores que no dudaron un segundo, que no calcularon, que lo trajeron todo... !

No tenían mas que corderos, y dieron sus corderos.

¿ Quién no recobrará el valor pensando en ellos? Lo que cuenta, al fin, no es lo que se da, corderos o millones, sino el fervor del corazón que vivifica la dádiva.

A veces, la vida me parece tan desgarradora, tan dolorosa, que no puedo pensar en ella...

Hoy es casi una angustia.

Hay que olvidarse de que tenemos sensibilidad, de que tenemos un alma, un alma que nos grita.

Pero, ¿ quien nos ayudara a olvidar?

Hemos pasado el día matando los montones de piojos, ahítos, que nos devoran. Eso es todo. Y el alma debe permanecer altiva, orgullosa, inaccesible.

El alma es lo que le queda al alma.

Pero desde allá, desde lo hondo, llegan, de repente, grandes voces ahogadas, trémulas...

¡ Que vacío, que abandono, el de esta noche...!

No somos hombres diferentes de los demás. A nosotros nos gustaría también, cuando solo escuchamos los gritos de la vida de fuera, que rodase entre nuestros dedos el dinero ganado sin esfuerzo; el estar sentados en torno de una mesa alegre, gozando de los mas delicados manjares; tener en nuestros brazos hermosas mujeres, con ojos resplandecientes de deseo y de placer.

La bestia humana, la juventud, el afán de dominar, se encabrita en estos momentos: ¿No estarás desperdiciando los años radiantes de tu vida? Entre la paja y los piojos, ¿no tienes remordimientos, ni el impulso de romperlo todo y de correr, de rodar, con los labios entreabiertos, hacia el bullicio y las gentes que son el clima de los muchachos de su edad ?

¡Es el momento en que hay que agarrotar las pasiones para alimentar al alma y a fe, a costa de los deseos, tan humanos, que espejean ante nuestros ojos!

Montamos la guardia, con un poco de amargura, si, pero orgullosamente felices de nuestro sacrificio, renovado cada día. sin saber, siquiera, si seremos, algún día, comprendidos.

Recapitulo los días del año que va a morir.

¡Un año, con sus secretos, con sus resplandores!

Secretos que escondemos detrás de la sonrisa, pero que sangran, muchas veces, como las heridas que no se cierran....

Y, luego, las luces....

Luces que los ojos de los hombres pueden ver. Son las menos bellas. Es el gesto teatral ante los demás, incluso cuando queremos aparecer modestos. Porque, ¡qué difícil es conservar ingenuo el corazón y no sentirse demasiado satisfecho de si mismo!

Estas luces, imperfectas luces, son las que recordaremos después.

Esta bien.

Pero esa luz daña a los ojos y nos ciega, cuando desaparece, y muchas veces, de la cruda luz, nos hundimos de nuevo en la penumbra de la frivolidad o del fracaso.

Me acuerdo bien de estas luces y las amo, en cierto modo, por cuando han iluminado, un día. el ideal hacia donde marcho.

No debería amar esas luces mas que por eso. Pero ya se que me dejare dominar por la satisfacción de mi mismo. Al fin, esas luces, necesarias para la acción, me entristecen porque me enseñan que cada día muerdo, poco o mucho, el anzuelo de la vanidad y del orgullo...

Mas hay otras luces que nadie percibe desde fuera.

Iluminan nuestra alma como los rayos X.

Sabemos, entonces, exactamente lo que valemos y ya, claro es, nos sentimos menos orgullosos...

Vemos, crudamente, todas nuestras flaquezas, y nos es difícil hallar excusas a nuestros pecados, siempre los mismos y siempre renovados. ¡ Que injustas nos parecen, entonces, las ponderaciones de los demás! Sabemos bien que nos sonrojaríamos, como el sol que se pone, si los demás vieran exactamente el fondo de nuestra conciencia....

Pero, precisamente porque conocemos demasiado bien nuestra mediocridad, sentimos una alegría embriagadora cuando las luces que nacen del fondo del alma, iluminan, al fin, nuestro esfuerzo.

No es esto, aun, una gran cosa; pero ha nacido después de tantas cobardías secretas, que esa primera sonrisa interior nos sumerge en una indecible felicidad.

INTRANSIGENCIA

¿Quien ha pensado en nosotros, perdidos en la estepa, sin nada que beber, el año Nuevo, como no sea la nieve derretida, llena de hierbajos, o un poco de café erzatz que olía a jabón?

Nadie puede imaginarse lo que es, para nosotros, para cientos de nosotros, la inevitable disentería, con el frío que hace. No hay ninguna instalación sanitaria en el sector, y tenemos que salir corriendo, quince, veinte veces en unas horas, en medio de la nieve, y dejar que la brisa afilada corte nuestros cuerpos como un cuchillo o los azotes como un látigo!

¡Que vanidad la de nuestros cuerpos, de los que en algunos momentos estamos tan orgullosos!

La bestia humana, ágil, ardiente, debe humillarse así.

Se subleva, pero tiene al fin que humillarse.

¡ Ay! cuerpo, tan satisfecho de tu vida rítmica. ¡Te han acariciado, besado, apretado con pasión, y ahora se empeñan en que te avergüences de ti mismo!

Y, sin embargo, nada de esto puede llegar hasta el espíritu dominador. Si el cuerpo se humilla es porque la voluntad lo condujo a estas nieves silbantes y al fondo de estos sórdidos refugios. Ayer eran los piojos. Hoy es el frío que se pega a nuestra carne para chuparla. Y todo, porque lo hemos querida así. No nos burlamos de la naturaleza feroz, flageladora, hostil. Aguantaremos mas que ella.

Un día la brisa cruel se extinguirá al renacer las hojas nuevas. Nuestros cuerpos, sentirán la vida latir, mas ardientemente que nunca, alrededor de nuestros huesos, fuertes como el metal, bajo la carne, viva como la carne de las flores, dura y caliente como un mármol que se animara.

Abriremos anchamente los brazos, después de haber sufrido y triunfado.

Nuestros cuerpos lisos, poderosos y rudos, sentirán la savia de los arboles vírgenes, alimentados por los vientos cantantes y por el sol.

Y nuestra voluntad, sabrá conducir, domada, a la piafante y hermosa bestia humana.

Toda la estepa crepita, silba y se levanta en ola gigantesca.

Nuestras paletadas de nieve vuelan como montones de flores blancas.

A pesar del frío, que nos quema los pies, a pesar de las ráfagas de hielo que acribillan nuestro rostro, he hecho frente cien veces al huracán para llenarme los ojos de tanta grandeza. Me sentía transportado por la borrasca, comulgando con el ímpetu épico con que la llanura blanca, el cielo y el viento mezclaban sus fuerzas, sus sobresaltos, sus resplandores helados, sus gritos prolongados, que venían del horizonte y pasaban aullando hasta el confín de la llanura estremecida.

¡Que fuerzas se alzan en nosotros en esos momentos, al contacto con los grandes dramas de la naturaleza! Me siento transportado; una beatitud inmensa sube por todo mi cuerpo, como si se estableciera un vinculo fabuloso entre mi sangre que corre y el viento que sopla; entre la vida que bulle en mi cuerpo y la vida desatinada, lanzada por el soplo gigantesco del cielo.

Debemos, todos nosotros, estar preparados para lo mas terrible.

¿Pero nos damos cuenta de lo que podemos dar?

¿La muerte, en medio de la humillación, no es una forma de darse mas, todavía?

El sacrificio no admite cálculos ni reservas.

Creemos mucho mas a los mentirosos, que en los corazones rectos, desnudos y sinceros.

Si yo hubiera mentido como los demás, ¿ a donde habría llegado ya?

Pero, sin embargo, creo, creo mas que nunca, que solo los idealistas podrán cambiar el mundo.

Las cosas sencillas tiene un encanto especial, un encanto completo, sin floreos, sin preparación, un encanto que se apura harte la ultima gota.

Es el encanto de la hierba, del agua, de la viruta, de la florecilla del bosque, fresca y frágil, de la margarita con su gran ojo recondo. Tengo mas alegría contemplándolas a mi lado, que creando sensaciones complicadas a mi espíritu, ante las formas de la belleza artificiosa, estudiada.

Estas son, a veces, impresiones, mas grandiosas; pero les falta la exquisita inocencia de lo sencillo y fragante.

El trabajo manual tiene esta inocencia de lo natural, del esfuerzo sencillo que no poseen nuestros complicados trabajos de intelectuales, aferrados a las teorías, que se contemplan a si mismos en su propio orgullo como en un espejo.

Y así , mientras cierro sin gracia la madera, me paseo feliz y contento por los grandes paisajes libres y purificados del pensamiento original.

Escribo dentó del refugio, junto a un tonel entumecido, en cuyo fondo flotan algunos hierbajos del agua helada de nuestra provisión.

Sufrimos esta pobreza, este aislamiento, sencillamente porque hemos querido ser sinceros.

Y con mas firmeza que nunca, renuevo mis promesas de intransigencia, en esta soledad donde los cuerpos y los corazones se sienten invadidos por un frió implacable.

Mas que nunca, iré recto, sin ceder nada, sin fingir nada, duro con mi alma, duro con mis deseos, duro con mi juventud.

Prefiero diez años de frío y de abandono que sentir, un solo día. mi alma vacía, helada por la muerte de mis sueños.

Sin temblar, escribo precisas estas palabras que no obstante me hacen sufrir. En la hora de la bancarrota del mundo se hacen las almas rudas y altivas como rocas, sobre las que se romperán en vano las olas desencadenadas.

NUESTRA CRUZ

¿Cuándo nos llegara el turno?

La muerte pasa, insensible, y sus manos retuercen los corazones al azar. Llega la metralla, se desliza, choca, o atraviesa un cuerpo joven con sus largos dedos rojos.

¿Que hacer, pues, sino mantener el corazón puro, la mirada tranquila, porque el sacrificio lo hemos elegido a tiempo y libremente?

Si la muerte llega, la veremos llegar sin pestañear; nos iremos con paso ligero y la sonrisa triste de los recuerdos que resucitan en los últimos segundos.

Si volviéramos entonces, cuando la vida, tibia, nos haya hecho olvidar este viento helado, nuestros corazones recobraran ya, para siempre, el equilibrio de la vida que supo no temblar ante la muerte.

¡Que el destino nos encuentre siempre fuertes y dignos!

Pero debemos amar la felicidad, como amamos el canto fugitivo del viento, como amamos los colores del atardecer, que se va a extinguir.

Porque los vientos renacen y cantan de nuevo y, cada aurora, los colores suben al gran mástil del sol resucitado.

La alegría es el fuego de los corazones indomables, y ningún revés es capaz de apagar sus colores ardientes.

Cuando vemos retirarse el mar sobre la arena y volver hacia las sombras profundas de alta mar, pensamos en que ha de volver, unas horas mas tarde, como una cascada blanca, centelleando bajo el sol, audaz y fuerte, como si sus olas vinieran, por primera vez, al asalto del mundo.

Sobre la sierra, hay tantas cosas mediocres, feas y bajas que, un día. Acabaríamos por ser sumergidos por ellas, si no lleváramos en nosotros el fuego de la Belleza, que quema todo lo que es feo, consumiéndolo y purificándonos.

El arte es nuestra intima salvación, el jardín secreto que, sin cesar, nos refresca y nos embalsama.

Poesía, pintura, escultura, música, lo que sea, ¡la cuestión es evadirse de lo banal, elevarnos por encima del polvo, crear lo grande en vez de sufrir lo pequeño, traer brotar la chispa de lo extraordinario que todos poseemos, y convertirla en grandioso incendio!

Los siglos muertos y negros son aquellos en los que las almas dudaron ante este esfuerzo. Los siglos luminosos son los que pudieron contemplar a las grandes llamas del alma de los hombres, jalonando, dominando las montañas del espíritu.

Las únicas y verdaderas alegrías no son las que los otros nos dan, sino las que llevamos en nosotros mismos, creando nuestra fe y alimentando nuestra acción.

Lo demás viene y desaparece como la espuma del mar, reluciendo en el borde mismo de la ola, temblando al extinguirse en la arena y muriendo al punto, al reflejo de las ondas.

Así es la felicidad que los demás nos dan.

La alegría que nace de nuestra pasión de vivir y de nuestra voluntad es semejante a la fuerza inmensa que rueda y ruge en el abismo del mar, que salta al encuentro del sol y que se renueva cada segundo que pasa.

Agarrados al barco, hay que saber mirar como lanza el mar poderoso sus olas, como inmensas pieles de leopardo, extendiéndose, flexibles y lustrosas, levantándose como un fuego hecho de plata o como un ramo prodigioso, de blancas flores; sin cesar, la vida vuelve, brinca; nada, hasta el fin del mundo, podrá detener su ímpetu.

Así deben ser nuestros corazones: fuertes, impetuosos; pero como esa maravillosa fuerza rimada, ordenada y medida como una eterna canción.

Durante el día, en maestros puestos, pensamos en cosas banales.

Pero, de noche, la imaginación teje sus sueños y nos lleva en las alas de su fantasía, de sus recuerdos, de sus vibraciones.

Me pasma la lucidez implacable de mis sueños.

Cierto que el sueño es, a veces, como un cohete loco, una fantasmagoría. Pero, con frecuencia, es también un careo con mi conciencia y con mis primeras intuiciones.

Me veo, en el sueño, al natural, tal como soy cuando mi voluntad no tasca sus cuatro frenos sobre mis pasiones.

Se entonces, exactamente, donde están mis puntos flacos.

Y tengo que decirme a mi mismo: cuidado, que tropiezas!

Tengo así la prueba, casi cotidiana, de que no puede resistir a mil llamadas, ni conducir mi vida con honor mas que a fuerza de esa voluntad que doma y frena, cada día. en el fondo de mi mismo, al corcel que no se deja cambiar por la costumbre y que solo el látigo de la voluntad puede contener.

Si el freno se debilita, se desbarata todo.

El sueño lo demuestra.

¿La voluntad duerme? Me despierto vencido, llevado, por el sueño, a la deriva.

No hay examen de conciencia más deslumbrador, para mi, que la interpretación de mis sueños, al mostrarme mi alma desnuda; salgo del sueño, poco edificado de mi mismo, sabiendo, sobre todo, que debo estar siempre alerta, porque el fondo de nosotros mismos no capitula jamas, no va espontáneamente hacia la virtud, sino que espejean los campos áureos donde brota el mal.

El alma, liberada por el don que ha hecho de sí misma, se remonta cantando.

Al escuchar nosotros ese canto sereno, es cuando nos damos cuenta de que la obra por crear será bella. Pues solo se crea la hermosura y la grandeza con la alegría y con la fe.

Soldados, debemos amar esta penumbra, esta humildad del sacrificio.

Si amamos la virtud solamente en la medida en que puede ser alabada, entonces la salpicaremos de orgullo. Dejamos de ser virtuosos en cuanto solo deseamos que la virtud que hemos alcanzado sea admirada.

Así ocurre con todas las virtudes. Son bellas, dulces, radiantes, si las amamos por ellas mismas, si las cultivamos por el único placer de haberlas conseguido.

¡Vamos a la vida, sin siquiera pensar que podremos ser o no ser comprendidos!

El corazón sin complicaciones de los demás. Los corazones puros no pueden imaginar que existan otros corazones, rencorosos y manchados.

El sufrimiento es el amigo más maravilloso, patético y angélico, lavando las almas de todo deseo y alzándolas a las cimas que soñaron alcanzar.

Las derrotas, las victorias, las penas y los éxitos pasean, se olvidan, como fuegos que brillan en un instante, como humos que se diluyen en cuanto sopla el viento.

Lo esencial, lo único, es el gran abrazo espiritual, sin el cual el mundo no es nada.

Un poco, muy poco de fuego, en un rincón del mundo, y serán posibles todos los incendios de la mas alta grandeza.

En la vida todo es cuestión de fe y de tenacidad.

La confianza no se mendiga, se conquista.

Y el mejor modo de conquistarla es entregarse, darse.

Todos llevamos nuestra cruz: debemos llevarla con la sonrisa orgullosa, para que se sepa que somos mas fuertes que el sufrimiento.

¡Que importa sufrir si hemos vivido en nuestra vida algunas horas inmortales... !

¡Por lo menos hemos vivido... !

El don total

RECONQUISTA

Los trastornos que agitan a la opinión, las guerras que sacuden a las naciones, son solo episodios.

Las reformas parciales no lograran cambiar todos esos accidentes.

Cambiar a los hombres seria una decepción si no se acompañara de una labor a fondo sobre las almas, de una transformación básica de lo que es nuestro tiempo.

Todos los escándalos, la quiebra de la honradez y del honor, el impudor de impunidad, la pasión del dinero que atropella todas las conveniencias y la dignidad, y el respeto de si mismos, la inmoralidad inconsciente, todo esto, descubre el mal que reclama remedios profundos.

No se roba, ni se miente, ni se falsean las leyes morales y las del código, de repente; de repente no se aprende a ser hipócrita, a no hablar mas que reticencias, a mentir con palabras virtuosas.

Esta deformación de las conciencias, que nos escandaliza y nos aterra, es el final de una larga decadencia de las virtudes humanas. Es el final de la pasión del oro, de la voluntad de ser rico, sea como sea, del frenesí por los honores, del materialismo espantoso de nuestro tiempo, del apetito inmediato por lo sensible y lo palpable, del egoísmo monstruoso, de la lucha por la propia convivencia que ha corrompido a los hombres y, a través de ellos, a las instituciones.

El mundo se preocupa cada día mas por las alegrías banales, por la comodidad, por la riqueza. El mundo esta como agazapado en acecho, para guardar y ganar todo lo que pueda. Cada cual vive solo para si, se deja dominar en el hogar y en la vida nacional por ese egoísmo constante que ha convertido a los hombres en lobos llenos de odio y de codicia.

No podremos salir de esta decadencia mas que por enorme resurgimiento moral, enseñando a los hombres a amar, a sacrificarse, a luchar y morir por un ideal superior.

En un siglo, en el que no se vive mas que para si, se necesitan centenares, millares de hombres, que no vivan para ellos sino por un ideal colectivo, aceptando de antemano todos los sacrificios, todas las humillaciones y todos los heroísmo.

Solo cuenta la fe, la ardorosa confianza, la ausencia completa de egoísmo y de individualismo, la tensión del ser. de todo el ser. Para servir, por ingrato que esto sea; para servir, no importa donde ni como, a la gran causa que sobrepasa la conveniencia del hombre, porque lo pide todo y no le promete nada.

Solo cuenta la calidad del alma, la vibración, el don total, la voluntad de colocar por encima de todo un ideal, con el más absoluto desinterés.

Se acerca la hora en que será necesario, para salvar al mundo, un puñado de héroes y de santos que emprendan su reconquista.

ESCUADRILLAS DE ALMAS

Un país resurge pronto de sus reveses financieros.

Reconstituye, sin demasiado trabajo, un nuevo corazón político.

Para ello solo hacen falta técnicos hábiles y una voluntad que una los esfuerzos.

Pero las grandes revoluciones no son políticas o económica. Estas son revoluciones pequeñas, cambios en la maquinaria. Cuando los especialistas ajustan las piezas, y los motores están a puntos, y los contramaestres los vigilan puntualmente, la revolución material esta ya hecha.

Lo demás será cuestión de reparaciones, de cambiar algo de tiempo en tiempo, aquí y allá.

La maquina esta ya montada y revisada.

Trabaja y trabaja.

La verdadera revolución es mucho más complicada, porque es la que pone a punto, no la maquina del Estado, sino la vida secreta de las almas. Ya no se trata de revisión, de una vigilancia automática, si no de un problema de vicios y de virtudes, de clamores profundos y de flaquezas, de esperanzas, tal vez de pobres esperanzas, pero bien amadas...

¿Qué hay en el fondo de esa mirada, detrás de esos ojos que nos miran como si sus secretos se posaran sobre nuestros párpados?

Un corazón, un alma. la nobleza o la debilidad humana, los sollozos que cuesta tanto adivinar, esa lucha incierta, confusa que es la felicidad. ¡Esos son los grandes dramas. !

Ahí esta la verdad revolución. Llevar un poco de luz a esos espíritus, levantar a esas almas, dudar menos de si mismo, sobreponerse a lo imperfecto, inclinarse hacia lo mejor y hacia lo bello y también hacia los otros, respirar, en fin, su propia alma.

Solo esa revolución puede seducirnos.

Y, sin embargo, nos da miedo porque es preciso que avancemos entre la penumbra de enigmas y de enigmas.

¿A quien debemos creer? : ‚A esa cabeza que se dobla bajo sus tupidos cabellos de oro?, a esa risa que estalla demasiado brusca?, ¿a ese brazo que cae?

Diez rostros, diez abismos.

¿Quién nos engaña y quien trata de engañarnos ?

No vemos mas que las sombras chinescas de los hombres.

Cada uno trata de engañarse con sus artificios y sus cabriolas.

Y es por ahí sin, embargo, por donde hay que avanzar, entre llamaradas de manos blancas, en medio de tanta noche.

Que escogeremos entre todo esto?

¿Que podremos hacer brotar de esos seres que se repliegan en sus misterios, más acongojantes aun, porque esa risa y esos ojos en flor, y esa frente limpia y esta caricia dulce de sus cabellos sueltos, dan resplandores de fiesta al remordimiento y a la angustia, al desfallecimiento y a las perversidades estáticos, arrodillados en silencio?

Venimos de lejanos países...El fondo de nuestros corazones solo conoce los lazos secretos de nuestras propias almas, las esperanzas y los errores, las verdaderas alegrías y las verdaderas lagrimas...

¡Hay tantas alegrías y tantas lagrimas que los demás creyeron conocer, participar de ellas y calmar...!

Contemplamos, en las horas de soledad, lo verdadero de nosotros mismos, en donde nadie entrara jamas.

Y esta morada recóndita nos dice que ama y que quiere lo que le aniquila y le desmorona, lo que le tienta, y lo que, quizá, podría levantarle si sintiera pasar las alas invisibles...

¡Ah, ser ese flujo, esa brisa templada y larga y sube desde el fondo de los horizontes espirituales y que da a las almas ese impulso esencial...!

De repente, la vela se hincha, se redondea, impalpable, en la luz.

El casco de nuestro navío resbala sobre el agua.

La blancura inclinada de las velas separa el aire suavemente.

Pensamos, entonces, en esas miles y miles de velas inmóviles, que esperan también la llegada del viento que les dará, imperceptiblemente primero, y luego con temblorosa fuerza, la vida y el movimiento, la alegría de cortar el aire y el agua, y de avanzar hacia la línea recta que el cielo traza en la lejanía....

Las barcas son pesadas. El agua esta negra de tanto pesar sobre si misma...

Ser como ese viento que vendar, desde las playas remotas, a hinchar las velas de esas almas, a empujarlas hacia la alta mar; al principio, tras tanta espera, torpemente; después, felices y firmes, a medida que se rehace la fuerza que las sostiene y la vida que las reanima; ser como ese viento que enseñara a todos esos seres, que la vida es, puede ser bella y pura y grande, incluso tras todas las debilidades y todos los desencantos; que puede hacer brotar de esos corazones, secos o adormecidos, el manantial de la regeneración. ¡He ahí, la verdadera, la dura, la necesaria tarea!

¡Tarea temible!

Quisiéramos coger en nuestros brazos esos seres en punto muerto, sumergirnos en sus pupilas, apartar las lianas de sus reticencias...

Pero, ¡ que emoción al encontrar esos ojos que absorben la luz de fuera, tan solo para detener mejor las otras luces; esos ojos que nos dicen, al instante, desde su primera mentira, o desde su primera confesión, la inquietud que hay en nosotros!

¿Como mirar, cara a cara, a alguien, sin oír sus interrogaciones crueles...? ¿ Mientes? ¿Que esta pasando detrás de ese fuego. Oculto en esa carne viva?, y, ¿ qué quedara mañana de la respiración que se alzaba penosamente, aferrada al salvavidas de esa mirada?

En verdad, ahí esta el fondo de toda redención; es decir, dar un clima a esas almas, calmar sus tempestades, las tempestades que destrozan los mástiles y arrancan sus velas; dar ese sol y ese aliento, esa paz a los mares humanos, y ese horizonte claro a los cielos nublados..

Respirar...

Creer otra vez en las virtudes, en la belleza, en la bondad, en un amor...

Sentir como avanzan alrededor nuestro, sobre las olas, miles de velas mas, henchidas por el viento, llevadas por un mismo impulso, hacia una misma llamada.

Cuando el mar dorado vea brotar esas velas, la revolución estará en marcha, enarbolada en esa escuadrilla de almas.

CIMAS

Tu camino es duro.

Te falta aliento. Hay momentos en que quisieras arrojar al suelo esa moldura que te pesa, dejarte arrastrar por la pendiente y llegar a las granjas que humean allá abajo, como redes de azul sobre el fondo verde y gris de los prados y de los techos de pizarra.

Sientes la nostalgia del agua que duerme, y de los juncos claros, del remo que salpica y del sendero llano, sin esfuerzo, a lo largo de la ribera.

Quisieras no pensar en nada, lavar tu pensamiento del recuerdo de los hombres, y, tendido sobre la hierba, mirar el cielo que pasa, surcado por el vuelo de un pájaro.

Pero no, ¡ hay que seguir ! No tiraras la mochila, ni dejaras caer el bastón. No miraras tus rodillas ensangrentadas. No escucharas el clamor de los odios, ni miraras esos ojos que sonríen maldades escondidas. Arriba es donde hay que mirar.

¡ No debe vivir tu cuerpo mas que para los lazos que le aprietan; tu corazón solo debe soñar en esas cimas que tu, y los otros, debéis alcanzar!

Cuéntame, hasta el fondo, tu amargura.

Creías en una inmensa alegría en cuanto llegases a lo alto, conduciendo el rebaño humano. ¡Cuanto Habrás sufrido! A veces, habrás sentido asco. Lo necesitabas. Era preciso que aprendieses la lección de que las ambiciones no pagan nunca y que, tarde o temprano, abandonan al corazón que habían poseído.

Ahora lo sabes ya. ¿No es cierto? Sabes ya que no hay que esperar que sea duradera ninguna de las alegrías que vienen de fuera; has aprendido a dudar de la ayuda que te pueden dar los hombres; si tu cara se enrojece, no será por las caricias, sino por los golpes de los demás.

Sin duda, no pensabas que esto fuera así. Imaginabas que, a lo largo del camino, las manos y las miradas de los demás se tenderían hacia ti, para calmar tu fiebre...

Entonces, tal vez reflexiones y decidas volver abajo.

No, hijo mío, ahora es cuando la vida empieza a ser. de verdad, hermosa, porque hemos sufrido por ella, y solo con nuestro único esfuerzo la podremos sobrellevar.

¿ Recuerdas los primeros días... ? Deseabas que la ascensión fuera maravillosa, es cierto. Ibas nada menos que a liberar tu alma.

Pero recuerda lo que es capaz de llevar el hombre escondido.

¿No es cierto que creías en ese turbio placer del demonio y de los honores?

Si, tal vez no deseabas crudamente todo esto y tenías, para juzgarlo, palabras bastante sinceras. Pero todo ello florecía, sin embargo, al borde de tus acciones, como la espuma al borde del mar. Pensabas, lealmente, que no vivías para esa orla luminosa, bella, porque estabas lejos en el confín de las playas.

Pero la tentación estaba viva en tu corazón. Querías algo grande, aunque todavía tenias junto a ti, entero, tu pensamiento. Tu orgullo te consentía una violencia, un tanto cobarde.

Estabas dispuesto a cumplir tu deber. Pero dejabas a tu conciencia añadir, en voz baja que tal vez el deber podría coincidir con el renombre y con la ambición.

Ahora no lo crees ya y, por eso, tus ojos tienen melancólicos reflejos glaucos.

Miras al vacío. Y no debe ser así. Mira derecho, de frente, para despreciar todo lo que amabas, a pesar de que no era puro.

Los que te sublevan tantas veces, por su maldad y sus injusticias, te han ayudado mas que tu mismo.

¿Lo niegas? ¿Dices que has dado en vano tu cuerpo y tu aliento, tu corazón y tu pensamiento?

¿En vano? ¿Por que no te has dado a ellos, más dado?

¡Solo ahora es cuando empezaras a entregarte por entero!

Era preciso que te aniquilaran las maldades de los otros. Era preciso que en la hora en que creías que ibas a hundirte, agotada tu resistencia, en las burlas de los demás y en sus desprecios, hicieras pie para seguir...

Era preciso que todos tus gestos de amor estuvieran salpicados de odio, que todos tus impulsos se mancharan, que cada palpitación de tu corazón se acompañara de un golpe en tu rostro...

Has conocido tantas veces esos últimos metros angustiosos, en que sonreías ante la meta, a pesar del sudor y de la palidez. ¡Y un segundo después rodabas, traicionado por los tuyos, perseguido por los otros!

¡Había que empezar de nuevo...!

Y, siempre, el vacío engañoso del valle te atraía y los álamos, temblorosos, aprecian llamarte como una hilera de navíos, sobre el mar de los días fáciles.

Has sufrido el rigor de los combates. Te has dicho a ti mismo que cualquiera que sea la victoria, el precio es demasiado caro y no la quieres comprar.

Pensabas siempre en ti mismo, sí para ti mismo, tan solo por el placer humano de haber llegado al final; pero el mercado era puro engaño. Mas, si la vida no te hubiera abofeteado cien veces, ¿hubieras, acaso, comprendido, jamas, que existen otros placeres además del orgullo, de las sonrisas aduladoras y de la gloria?

¡Has adivinado la hipocresía en tantos rostros!

¡Has descubierto todas sus mentiras, toda su hiel, todas las bajezas que te tenían guardadas!

¡Esto, cada vez que emprendes el camino!

Ya no tienes derecho a nada.

Esa mirada que te vigila, esa mano que se tiende hacia ti, esa palabra de aliento, se cargaran de oprobio y oirás el rumor confuso de los odios viperinos.

En la hora suprema de haberlo dado todo, dirán que eres un ambicioso.

En el momento en que tu corazón se sienta totalmente abandonado, te pedirán los más viles servicios.

¿Vuelves el rostro para que no te vean, a pesar tuyo, llorar? ¿Por que? ¿Es que piensas, aun, en ti mismo? ¿Sufres todavía de la injusticia, cuando, en realidad, se trata solo de un problema tuyo?

¡Que trabajo le cuesta al hombre desprenderse del hombre!

¡Déjales que se abatan sobre tu vida como chacales, déjales reírse de tus sueños, déjeles abrir, a todos los vientos, el secreto de tu corazón!

Sufre, que te arrojen a las bestias de la envidia, de la calumnia, de las bajezas. Soporta, sobre todo

-y nada te mortificara mas que ello.... que, en el trance en que no puedas mas, y tus rodillas sé doblen y tus ojos busquen en el aire una mirada, y tus brazos una mano amiga, entonces, cuando estas pendiente de esa palabra y de esa mirada, la palabra caerá sobre ti para deshacerte, y la mirada para hacerte sufrir; acepta, en fin, que los que quieren aniquilarte sean los que mas cerca tenias, aquellos a quienes te habías abandonado, aquellos a quienes tan ingenuamente amabas, sin reservas, sin una sola reticencia.

Tus ojos tienen una angustia más patética que un grito. ¡ No grites, empero! Espera a que todo lo que ayer sufriste se renueve mañana. Acéptalo de antemano. No te vuelvas, siquiera, al oír, detrás de ti, ese atroz murmullo. Bendice los golpes que recibas. Ama a los que vendrán después. Te serán mas útiles que los corazones que, en verdad, te aman.

Tal vez encontraras un día, o acaso has encontrado ya, esos afectos que te llegan a ti como una bocanada de aire puro o como el perfume de las flores campestres.

Hasta que, a fuerza de sufrir no hayas aprendido a prescindir de ellos, no los gozaras dignamente.

Los hubieras perdido, sin dude si no hubieras pagado, cien veces, su precio, sin la menor seguridad de obtenerlos.

Ya no cuentan para ti.

Arrójalos de tu pensamiento.

Mas, si algún día reaparecen, goza de ellos, como de uno de esos paisajes sublimes que se ven al pasear. Son un detalle.

No habías venido para ver esto, no; te llamaban otras cosas: el aire, la luz de las altas cimas...

Respiras ya mejor. Ahora espera, en paz, la verdadera alegría, las grandes nieves de la conciencia, blancas, brillantes, sin la mancha de una sola pisada, mudas en un dulce silencio... No pienses sino en ellas, no mires mas que a ellas, apresúrate y llega, ligero, puro, lleno de sol.

Siente tus debilidades y tus faltas; arrepiéntete de ellas, y solo de ellas. Tu orgullo, tu renombre, los ímpetus de la vanidad de las horas, ya lejanas, de la partida, todo esto arrójalo mas allá de las rocas...

¿No has oído como se rompían, rebotando...? ¡ Bien muerto esta todo ello! La amargura y el abandono, en lugar de indignarte, serán tu sostén por el camino que se abre; esos perros que aúllan guardaran el rebaño de tus pensamientos; sin ellos, que seria de ti?: tendrías que detenerte, te perderías, sin rumbo. No pierdas ni un instante. Estas, aun, muy lejos. Y debes llegar hasta arriba...

Cuando alcances esas inmensidades puras, se hará un gran silencio detrás de ti. Todos los que gritaban apostrofándote, los que te odiaban, los que querían aniquilarte a pesar de sus sonrisas, todos los que te seguían por el camino, pero para golpearte, se darán cuenta, bruscamente, de que detrás de ti. Ellos también han llegado arriba, a las nieves puras, al aire nuevo, a los horizontes recortados sobre el cielo...

Entonces olvidaran su odio y te miraran con ojos maravillados de niño. Habrán descubierto lo esencial.

Sus almas se habrán alzado hasta cimas que jamás se hubieran atrevido a aceptar como meta, si las hubieran visto. Pero se lo impedía tu espalda, la espalda que ellos golpeaban.

Entonces la victoria será tuya... Podrás, después de haber dado hasta tu ultimo esfuerzo, caer, con los brazos en cruz, desde la gran cima, y rodar, con los guijarros, hasta el fondo lejano del abismo.

Todo habrá terminado. La victoria será tuya. Volver a bajar ya no tendrá importancia; habrás dejado la vida con el ultimo esfuerzo, pero los otros estarán allí, al borde de las inmensidades, virginales, de su redención......

Sabes que ahí esta la única, la verdadera felicidad.

¡Canta! ¡Que tu voz resuene en los valles profundos!

No te arrepientas de tus lagrimas.

Lo mas duro esta ya hecho. ¡Ahora, resiste y resiste! ¡Aprieta los dientes y pon una mordaza a tu corazón! ¡Y sube!

Otros títulos

Los procesos revolucionarios necesitan agentes, organización y, sobre todo, financiación, dinero.

Omnia Veritas Ltd presenta:

HISTORIA PROSCRITA
I
LOS BANQUEROS Y LAS REVOLUCIONES

POR

VICTORIA FORNER

LAS COSAS NO SON A VECES LO QUE APARENTAN...

⊘mniaVeritas

"El verdadero crimen es acabar una guerra con el fin de hacer inevitable la próxima."

Omnia Veritas Ltd presenta:

Historia Proscrita II
La historia silenciada de entreguerras

por

Victoria Forner

El Tratado de Versalles fue "un dictado de odio y de latrocinio"

⊘mniaVeritas

Distintas fuerzas trabajaban para la guerra en los países europeos

Omnia Veritas Ltd presenta:

Historia Proscrita III
La II Guerra Mundial y la posguerra

por

Victoria Forner

Muchos agentes servían intereses de un partido belicista transnacional

⊘mniaVeritas

Nunca en la historia de la humanidad se había producido una circunstancia como la que estudiaremos...

Omnia Veritas Ltd presenta:

Historia Proscrita IV
Holocausto judío, nuevo dogma de fe para la humanidad

por

Victoria Forner

Un hecho histórico se ha convertido en dogma de fe

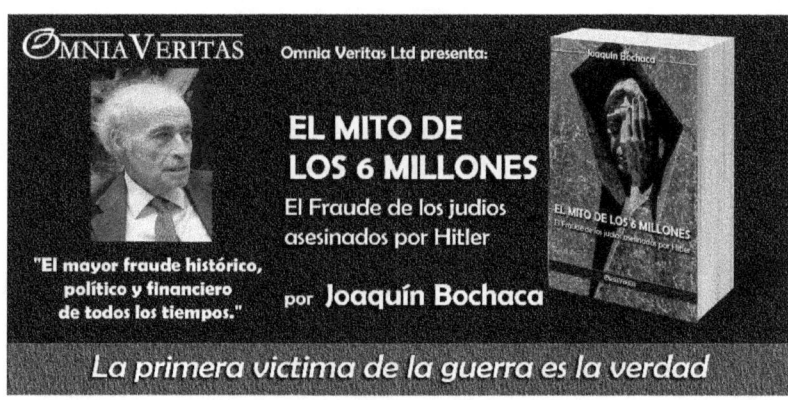

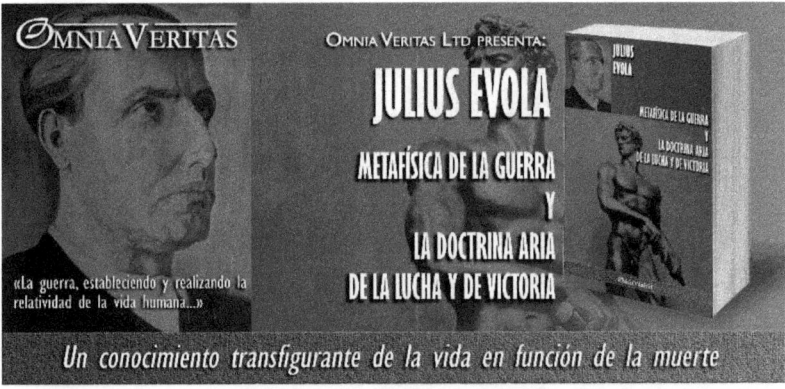

Omnia Veritas Ltd presenta:

EUROPEA Y LA IDEA DE NACIÓN
seguido de
HISTORIA COMO SISTEMA
por
JOSÉ ORTEGA Y GASSET

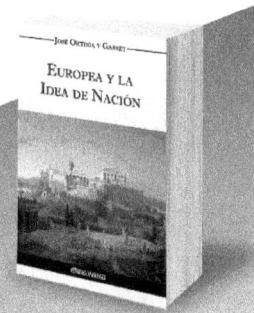

Pero la nación europea llegó a ser "nación" porque añadiera formas de vida que pretenden representar una "manera de ser hombre"

Un programa de vida hacia el futuro

Omnia Veritas Ltd presenta:

FRANCO
por
JOAQUÍN ARRARÁS

"La alegría del alma está en la acción." De Marruecos sube un estruendo bélico, que pasa como un trueno sobre España.

Caudillo de la nueva Reconquista, Señor de España

Omnia Veritas Ltd presente:

LA GUERRA OCULTA
de
Emmanuel Malynski

La Guerra Oculta es un libro que ha sido calificado de "maldito"

*En esencia, **La Guerra Oculta** es una metafísica de la historia, es la concepción de la perenne **lucha entre dos opuestos** órdenes de fuerzas...*

El análisis más anticonformista de los hechos históricos

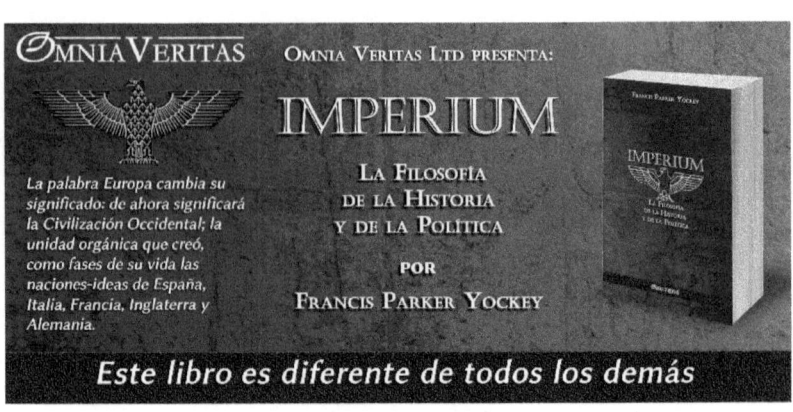

OMNIA VERITAS LTD PRESENTA:
RENÉ GUÉNON
APRECIACIONES SOBRE EL ESOTERISMO CRISTIANO

« Este cambio convirtió al cristianismo en una religión en el verdadero sentido de la palabra y una forma tradicional ... »

Las verdades esotéricas estaban fuera del alcance del mayor número...

Omnia Veritas Ltd presenta:
RENÉ GUÉNON
AUTORIDAD ESPIRITUAL Y PODER TEMPORAL

"La distinción de las castas constituye, en la especie humana, una verdadera clasificación natural a la cual debe corresponder la repartición de las funciones sociales."

La igualdad no existe en realidad en ninguna parte

Omnia Veritas Ltd presenta:
RENÉ GUÉNON
EL ERROR ESPIRITISTA

En nuestra época hay muchas otras "contraverdades" que es bueno combatir...

Entre todas las doctrinas "neoespiritualistas", el espiritismo es ciertamente la más extendida

« Dante indica de una manera muy explícita que hay en su obra un sentido oculto, propiamente doctrinal, del que el sentido exterior y aparente no es más que un velo »

Omnia Veritas Ltd presenta:

RENÉ GUÉNON

EL ESOTERISMO DE DANTE

... y que debe ser buscado por aquellos que son capaces de penetrarle

"Cuando consideramos lo que es la filosofía en los tiempos modernos, no podemos impedirnos pensar que su ausencia en una civilización no tiene nada de particularmente lamentable."

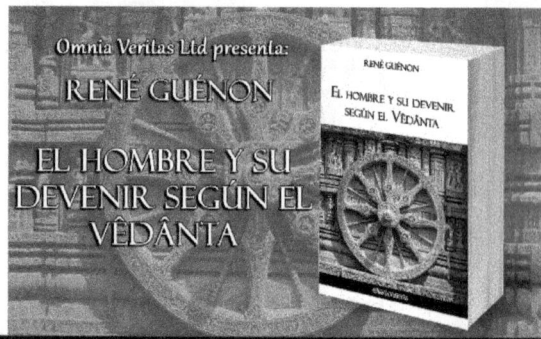

Omnia Veritas Ltd presenta:

RENÉ GUÉNON

EL HOMBRE Y SU DEVENIR SEGÚN EL VÊDÂNTA

El Vêdânta no es ni una filosofía, ni una religión

« Porque todo lo que existe de alguna manera, incluso el error, necesariamente tiene su razón de ser »

OMNIA VERITAS LTD PRESENTA:

RENÉ GUÉNON

EL REINO DE LA CANTIDAD Y LOS SIGNOS DE LOS TIEMPOS

... y el desorden en sí mismo debe encontrar su lugar entre los elementos del orden universal

OMNIA VERITAS

OMNIA VERITAS LTD PRESENTA:

RENÉ GUÉNON

ESTUDIOS SOBRE EL HINDUÍSMO

"Considerando la contemplación y la acción como complementarias, nos emplazamos en un punto de vista ya más profundo y más verdadero"

... la doble actividad, interior y exterior, de un solo y mismo ser

OMNIA VERITAS

Omnia Veritas Ltd presenta:

RENÉ GUÉNON

ESTUDIOS SOBRE LA FRANCMASONERIA Y EL COMPAÑERAZGO

«Entre los símbolos usados en la Edad Media, además de aquellos de los cuales los Masones modernos han conservado el recuerdo aun no comprendiendo ya apenas su significado, hay muchos otros de los que ellos no tienen la menor idea.»

la distinción entre "Masonería operativa" y "Masonería especulativa"

OMNIA VERITAS

OMNIA VERITAS LTD PRESENTA:

RENÉ GUÉNON

FORMAS TRADICIONALES Y CICLOS CÓSMICOS

«Los artículos reunidos en el presente libro representan el aspecto más "original" de la obra de René Guénon.»

Fragmentos de una historia desconocida

Omnia Veritas Ltd presenta:

RENÉ GUÉNON
INICIACIÓN
Y
REALIZACIÓN ESPIRITUAL

« Necedad e ignorancia pueden reunirse en suma bajo el nombre común de incomprensión »

La gente es como un "reservorio" desde el cual se puede disparar todo, lo mejor y lo peor

OMNIA VERITAS LTD PRESENTA:

RENÉ GUÉNON
INTRODUCCIÓN GENERAL AL ESTUDIO DE LAS DOCTRINAS HINDÚES

« Muchas dificultades se oponen, en Occidente, a un estudio serio y profundo de las doctrinas orientales »

... este último elemento que ninguna erudición jamás permitirá penetrar

Omnia Veritas Ltd presenta:

RENÉ GUÉNON
LA CRISIS DEL MUNDO MODERNO

«Parece por lo demás que nos acercamos al desenlace, y es lo que hace más posible hoy que nunca el carácter anormal de este estado de cosas que dura desde hace ya algunos siglos»

Una transformación más o menos profunda es inminente

«En todo ternario tradicional, cualesquiera que sea, se quiere encontrar un equivalente más o menos exacto de la Trinidad cristiana»

se trata muy evidentemente de un conjunto de tres aspectos divinos

« La metafísica pura, al estar por esencia fuera y más allá de todas las formas y de todas las contingencias »

no es ni oriental ni occidental, es universal

«Vamos a hablar de un hombre extraordinario en el sentido más estricto de la palabra. Pues no es posible definirlo ni "clasificarlo".»

Por su inteligencia y su saber, el fue, durante toda su vida, un hombre oscuro

«Según la significación etimológica del término que le designa, el Infinito es lo que no tiene límites»

La noción del Infinito metafísico en sus relaciones con la Posibilidad universal

«... nos ha parecido útil emprender este estudio para precisar algunas nociones del simbolismo matemático»

Esa ausencia de principios que caracteriza a las ciencias profanas

"Hay cierto número de problemas que constantemente han preocupado a los hombres, pero quizás ninguno ha parecido generalmente tan difícil de resolver como el del origen del Mal"

Este dilema es insoluble para aquellos que consideran la Creación como la obra directa de Dios

Omnia Veritas Ltd presenta:

RENÉ GUÉNON
ORIENTE Y OCCIDENTE

«La civilización occidental moderna aparece en la historia como una verdadera anomalía...»

Esta civilización es la única que se ha desarrollado en un aspecto puramente material

OMNIA VERITAS LTD PRESENTA:

RENÉ GUÉNON
ESCRITOS PARA REGNABIT

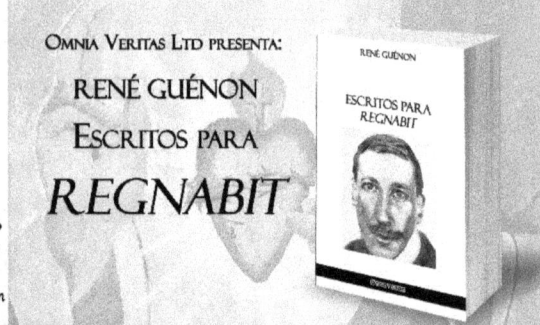

«Esa copa sustituye al Corazón de Cristo como receptáculo de su sangre. ¿Y no es más notable aún, en tales condiciones, que el vaso haya sido ya antiguamente un emblema del corazón?»

El Santo Grial es la copa que contiene la preciosa Sangre de Cristo

OMNIA VERITAS LTD PRESENTA:

RENÉ GUÉNON
SÍMBOLOS DE LA CIENCIA SAGRADA

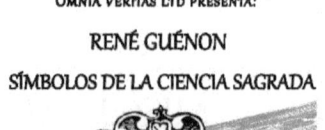

«Este desarrollo material ha sido acompañado de una regresión intelectual, que ese desarrollo es harto incapaz de compensar»

¿Qué importa la verdad en un mundo cuyas aspiraciones son únicamente materiales y sentimentales?

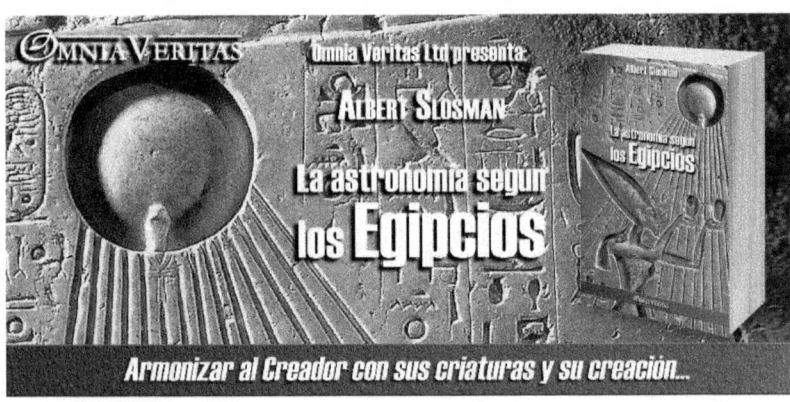
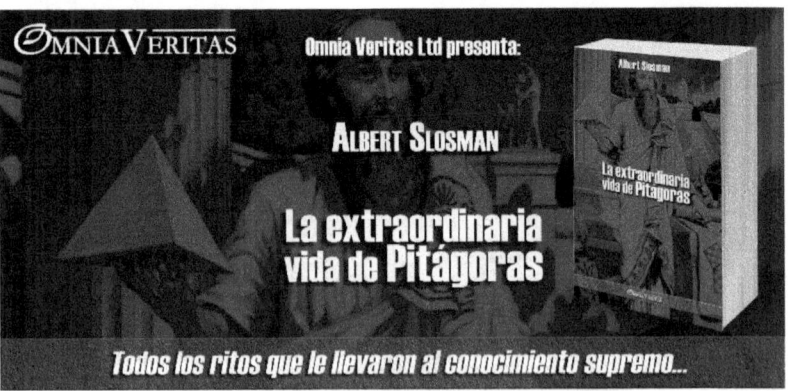

www.omnia-veritas.com

www.ingramcontent.com/pod-product-compliance
Lightning Source LLC
Chambersburg PA
CBHW072138160426
43197CB00012B/2152